Amish

# 麦わら帽子とハートのキャップ

## ～四季折々のアーミッシュの暮らしを体験して～

矢田万里子

Yata Mariko

風詠社

## アーミッシュとは

　アーミッシュとは、宗教的迫害により17～18世紀にヨーロッパからアメリカに移住してきたキリスト教の一派です。

　当時のヨーロッパでは、幼児洗礼が当たり前でしたが、『洗礼は成人になってから自分の意志で受けるべき、幼児期の洗礼は無効』と主張する人々が現れ、「再洗礼派（アナバプテスト）」と呼ばれました。

　成人になってからの洗礼は死に値する重罪だったので、再洗礼派の人々は国とローマカトリック教会から激しい迫害を受けました。

　1525年、ローマカトリック教会の司教だったメノーサイモンズは、再洗礼派に転身して指導者となり、一派は彼の名前に因んでメノナイトと呼ばれました。

　1693年、メノナイトの主教であったヤコブアマンは、更なる規律の厳格化を主張してメノナイトから分派し、彼に従った人々はアマンの名前に因んでアーミッシュと呼ばれました。

　メノナイトもアーミッシュも、服従、謙虚、簡素を信条とし、信仰を日々の生活に生かす暮らしをしています。

　しかしながら、メノナイトとアーミッシュには近代文明の受け入れにおいて顕著な違いがあります。

　アーミッシュは、公共の電気の使用と車の運転は絶対的にタブーですが、メノナイトの大半は、電気を使用し車の運転をします。

　アーミッシュは過去の歴史から教会を持たず家の中で礼拝をしますが、メノナイトは教会を建てその中で礼拝をします。

　アーミッシュの馬車による移動には制限があり、家族や地域の仲間と過ごす時間が多くなりますが、メノナイトは、自家用車を利用して遠くへ行けるので、個人の自由が優先されるきらいがあります。

Ｓ家　キッチン

Ｓ家　リビングルーム

長女のドレス作り

畑の中にプール

アンナ家母屋

家の中にキルト店

アンナのプレゼント

リア宅

ハンバーガースープ作り

ハンバーガースープ

完成した
ハンバーガースープ

3歳児がガス抜き

リアの手作りパン

写真解禁ルースの孫娘

ヴァーナとルーシーは叔母と姪

ルーシーの弟たち

セーラ

ファニー

ルースの孫

きゅうりのピクルス

黄桃

黄桃のキャニング

白桃のキャニング

ベジタブルスープのキャニング

イッシュ家

大学生のアーミッシュ体験

ウーパイパイ

ファニーの話

ヴァーナの歌声にうっとり

アーミッシュ学校

教室の中

　　　　チャーチワゴン車　　　　　　イッシュ家の地下室

畜舎

生まれたばかりの子牛

生後一週間目の子犬

放し飼いの鶏

ビーツのキャニング

海苔巻き作り

独身男性のキャンプ

布地裁断

上：ミシン
下：アイロン

バーバラのキルト

とうもろこし

とうもろこしの保存

茹でとうもろこし

ヌードル作り

馬の目にマスク

玉ねぎ掘り

グランパハウス

プリュツェル作り

ランチ

クッキー作り

パイ生地作り

バター作り

完成したバター

バーバラの父親が著した本

リジーのハーブ畑

燃料用ガスタンク

薬液作り

最後の畑仕事

通りを走る馬車

荷台付馬車

荷馬車の女性

タライを運ぶ荷馬車

馬車と自動車

田舎道をのんびり

馬車に続く

農道を颯爽と

ペダルの無い自転車

リュックで自転車

アーミッシュの子供たち　　　　蛍光ベストで安全に

月曜日は洗濯日

大量の洗濯物

著者が干した洗濯物

ラムスプリンガの若者たち

ユース仲間と旅行

カフェでアルバイト

バレーボール

バスの中でスマホ

サンクスギビングディナー

マイマ夫妻

招待された学生たち

上：ソーラーパワー
下：気象計

バーンライジング

アーミッシュ靴屋

アーミッシュ人形

## オハイオ州にて

女性の馬車

ソーラーパネル付
STOP サイン

礼拝帰りの親子

ランカスターの風景

バスの車内にて　ハートのキャップと麦わら帽子

# 目　次

# 第5章

Amish

# 麦わら帽子とハートのキャップ

～四季折々のアーミッシュの暮らしを体験して～

# 第 1 章

## 1. アーミッシュに魅せられたいきさつ

　私がアーミッシュに出会い、魅せられたのは 20 年以上前のことです。

　1997 年、私はアメリカネバダ州での日本文化紹介のミッションを終え、ペンシルバニア州フィラデルフィアに住むラター夫妻を訪ねました。

　ラター夫妻の奥様のキャロルは、私が九州の田舎町で高校生だったころ、クラスの仲間たちと英会話を習っていた時の先生です。

　私達は、度々キャロルの自宅を訪問し、クッキーを作ったり、てんぷらを揚げたり、夫妻を高校の運動会や文化祭に招待したりして、楽しい時間を共有しました。

　ラター夫妻は、大学の同級生で、夫のケンが卒業と同時に徴兵され日本に配属されることになったので、急遽結婚して 2 人で来日したのでした。

　ケンは、海軍の少佐で艦船乗務、殆ど家にいなかったので、キャロルは私たちの訪問をとても喜んでくれました。


　1 年後、2 人はアメリカに戻ることになり、皆で集まって私の家で送別会をしました。

　アメリカは遠く、海外旅行など夢のまた夢の時代。

　それ以来、ラター夫妻に会うチャンスはなく、フィラデルフィアの空港で顔を合わせたのは 32 年ぶりのことでした。

　23 歳だったキャロルは 55 歳になり、16 歳だった私は 48 歳になっていました。


　私達高校の仲間は、皆で集まるといつもキャロルの思い出話をしていたので、私はラター夫妻を忘れたことはありませんでした。

　長いブランク、でも、32 年の時が経っても、優しくて、親切で、聡明なキャロルの印象は変わりません。

　搭乗口を出て、彼らを一目見た時、すぐにキャロルとケンだと判りまし

た。

　私の方は、少女だった頃とは激変していて、キャロルに「ほんとうにMarikoか？？」と、何度もきかれましたけど。

　それから1か月間、彼らの家に滞在させてもらって旧交を温めました。

　ラター宅に滞在中のある日、キャロルが、とても興味深い町があるから、とランカスターに案内してくれました。

　そこで出会ったのがアーミッシュです。

　私は、30代の頃、アメリカンキルトの本を読んで、アーミッシュと呼ばれる人たちがアメリカのどこかに存在する、ということは知っていました。

　しかしながら、アーミッシュの写真撮影は厳禁のため、その姿が日本のテレビや雑誌で紹介されることはありません。

　私は、映画『目撃者』を観たこともなかったので、アーミッシュがアメリカのどこに住んでいるのか、どんな姿かたちをしてどんな生活をしているのか、全く知りませんでした。

　ランカスターに入り、農道を走ってキャロルが車の速度を落とした時、先方に、何やら美しい色合いが見えました。

　近づいてみると、道路際に佇む大人と子供の男女で、家族のようです。

　道路の前に簡素な商店があり、建物の横が駐車場になっていました。

　キャロルは、彼らから一番近いところに車を停めました。

　車の中から素早く観察すると、女性は、西部開拓時代を彷彿させるシンプルなドレスに黒いエプロンをして、髷の上に白いオーガンジーのキャップを乗せています。

　男性は、麦わら帽子を被り、黒いズボンにサスペンダーをして、あご髭を伸ばしています。2人の傍にいる女の子と男の子は、大人と全く同じ格好をしています。

ペアの、大きな人形と小さな人形が並んで立っているような不思議な光景でした。

　彼らから目が離せない私に、キャロルが、「あの人たちはアーミッシュという人たちなのよ」と、ささやきました。

　「えっ～～！　これがアーミッシュ？　こんなところに住んでたの?!」

　ありふれた言い方ですが、実際にアーミッシュを目の当たりにして、私は一瞬でアーミッシュの虜になりました。


## 2. アーミッシュになりたい

　それからというもの、アーミッシュに一目惚れした私は、自分も彼らの仲間に加わりたい、「アーミッシュになりたい！」と本気で切望するようになりました。

　どうしたらアーミッシュになれるのか？

　ラター夫妻をはじめ、物知りのアメリカ人に訊き回ってアーミッシュになれる手立てを模索しましたが、私の英語力ではそのアメリカ人の答えすら聞き取れません。

　唯一解ったのは、アーミッシュになるには、先ず彼らの言葉、ペンシルバニアダッチを完全に理解できることが最低条件、ということでした。

　その上で、洗礼を受けてアーミッシュになるのですが、英語もままならない私には到底無理な話です。

　アメリカ人の中には、アーミッシュに近いメノナイトになるよう勧めてくれる人もいましたが、アーミッシュとメノナイトは、ルーツは同じでも、私にはお汁粉と羊羹くらい違うのです。同じ小豆でも、私はお汁粉が好きなのです。

　アーミッシュになるために、アメリカの永住権まで取得した私でしたが諦めざるを得ませんでした。

## 3. アーミッシュを知ってもらおう

　アーミッシュになるのは諦めましたが、その代わり、彼らのことをもっと勉強して知識を蓄え、アーミッシュを知らない日本の人たちにアーミッシュの魅力を伝えよう、それを、これからの私のライフワークにしようと決めました。

　2016 年に、それまでの研究をまとめて冊子を製本し、近しい人たちにもらっていただきました。前年にガンの手術をしたので形見代わりです。
　稚拙な論文なので読んでいただくことは期待せず、単なる思い出の縁（よすが）としてお配りしたものです。
　しかしながら、その冊子は一応論文なので、行間に私の感想や敬嘆、意見や推論を差し挟むことは出来ませんでした。
　冊子を手に取って下さった方々から、アーミッシュの過去の歴史とかアメリカに移住してきた経緯などよりも、彼らの、現在の、普段の生活が知りたいとの声が寄せられました。学問的な考察で論文を仕上げた私自身も、全く同じ気持ちでした。

　友人たちのリクエストに応えるべく、というより、実際は自分自身の探求心を満たすために、2018 年 1 月、再度渡米し、邂逅したアーミッシュの家庭を訪問して日常生活を観察しました。
　最初は、行く先々でアーミッシュに客としてもてなされ、彼らの生活に踏み込むには程遠い状況でしたが、訪問の回を重ねるにつれ、言葉の壁を超えて親しく接してもらえるようになりました。

　私には、憧れのアーミッシュ生活。
　早朝に訪い、一緒に家事をして、畑仕事、保存食作りを手伝い、時々は馬や牛など動物の世話をします。昼食の後は共に昼寝もしました。
　家の中も、地下室から屋根裏部屋、子供部屋、夫婦の寝室、娘、息子のクローゼットの中までくまなく見せてもらいました。

現代のアメリカでは、電子機器の普及が進み、スマホやパソコンなしでは日々の生活が覚束ない状態です。

　アーミッシュの世界も、20年前とは比べようがないほど状況が変わりました。

　教区全体で昔はタブーだったことが、現在は、受け入れや容認の可否は各家庭の意向に委ねられています。

　洗礼前の子供たちは、両親の許しさえあれば、自由にしたいことをし、行きたいところに行けるようになりました。

　極論すれば、決められた服装をして、自動車の運転をしないこと、公共の電気を使わないこと、この3点さえ遵守しておけば、外面上、アーミッシュのカテゴリーから外れることはないように思えます。


　アーミッシュの生活は日々変化しているので、どこかで線を引かないとリサーチは永遠に終わりません。

　自分の気持ちにケリを付けて、観察から執筆に移行する必要があります。

　今がその潮時ではないかと思いました。

　私が、2018年3月から2020年5月までの2年間余に、ランカスターで、実際に体験したオールドオーダーアーミッシュの、四季折々の暮しの様子をお伝えします。


## 訪問した家庭と所在地

　＊ S 家　（匿名希望）　　　ランカスター郡 East Earl 地方

　＊ Beiler ベイラー家　　　ランカスター郡 Christiana 地方

　＊ ESH イッシュ家　　　　ランカスター郡 Lititz 地方

　＊ KING キング家　　　　ランカスター郡 Leola 地方

　＊その他　　　　　　　　　上記の親類宅、メノナイト宅数軒

　＊オハイオ州　　　　　　　ホルムズ郡 Berlin 地方

# 第2章

## 1. アーミッシュ家族の紹介

### 1）S家

　S家に関しては、前回論文を書いた時以来の、一番長くお付き合いをしているアーミッシュですが、匿名希望なので個人名は出せません。
　家族構成
　母親（39歳）、父親（45歳）
　　　　長男　18歳
　　　　長女　16歳
　　　　次男　13歳
　　　　三男　10歳
　　　　四男　　7歳
　　　　五男　　5歳
　　　　六男　　3歳
　家業は、農業及び畜産業で、子供が7人いるアーミッシュのごく平均的な家族です。
　長男は、アーミッシュ学校を卒業して大工見習となり、18歳の今も大工の仕事をしています。休みの時や農繁期には、父親を手伝って農業をし

ますが、弟が 5 人おり、末っ子を除いて弟たちが父親の仕事を手伝えるので、長男の彼は現金収入を得るため外で仕事をしています。

長女は、夏に 16 歳になりました。アーミッシュ学校を卒業後、一時、ファーマーズマーケットで売り子として働いたことがありますが、現在は家に居て、母親の手助けをしながらいわゆる花嫁修業をしています。自宅の納屋で、子犬を育てて売りに出すのが長女の収入を得る大事な仕事です。

母親は専業主婦で、収入につながる仕事はしていません。

### 2）ベイラー家

Anna アンナ（73 歳）and Josiah（74 歳）Beiler

　　長女　　Ruth
　　長男　　Elam
　　次女　　Sylvia　　シルヴィア　　2012 年逝去
　　次男　　Levi

ベイラー夫妻には、子供が 4 人いて、全員結婚しています。

長女と長男は、同じランカスター郡に住んでいますが、次男は、インディアナ州に住んでいます。

次女のシルヴィアは、42 歳の時に 6 人の子供を残して事故死しました。

夫妻には、現在 31 人の孫と 20 人のひ孫がいます。

ベイラー家の生業は農業で、広い農地を所有し、以前は大きな農家に住

んでいましたが、2 人の息子が農業を継ぐ気がないため、夫妻は母屋に隣接するグランパハウス（隠居のための家）に移りました。

　現在、母屋と農場は他人のアーミッシュに貸しています。

　アンナの夫は、ほぼ毎日、近隣の農作業や建設現場の手伝いに出かけ現金収入を得ています。アンナも、家でキルト作りをして家計を助けています。

## 3) イッシュ家

Ruth ルース（53 歳）and Henry ヘンリー（56 歳）Esh

　　既婚　長男　Jesse　&　Susan

　　既婚　長女　Leah リア　&　Amos

　　既婚　次女　Lydia　&　Ammon

　　既婚　次男　Leroy　&　Emma

　　　　　三男　Issac アイサック（25 歳）

　　既婚　三女　Rachel　&　Sam

　　　　　四男　Henry Jr.（生後 1 年 8 ヶ月で逝去）

　　　　　五男　Ivan アイヴァン（19 歳）

　　　　　四女　Fannie ファニー（18 歳）

　　　　　五女　Sarah セーラ（16 歳）

　　　　　六女　Verna ヴァーナ　（8 歳）

イッシュ家の生業は、セメント工事の自営です。家の周囲に広い農地を所有し、馬と肉牛を放牧しています。家の周りの畑では、季節ごとに妻のルースと娘たちが自家用の野菜や果物を栽培しています。

ルースとヘンリーは、4男6女の子だくさんの夫婦です。

他に、Henry Jr. と名付けた男の子がいましたが、20ヶ月で亡くなりました。

10人のうち5人は結婚していて、現在10人の孫がいます。孫はこれからどんどん増えそうです。

未婚の三男アイサック、五男アイヴァン、四女ファニー、五女セーラ、六女ヴァーナが両親と一緒に住んでいます。

末っ子のヴァーナ（8歳）は、長女リアの娘、ルーシー（8歳）とアーミッシュ学校の同級生で、叔母と姪の関係です。2人は大の仲良しで、家も近いのでいつも一緒に遊んでいます。

ヴァーナは、兄姉たちと齢の離れた末っ子ですが、ルーシーは長女で、下に3人の弟、妹がいて、母親代わりにいつも面倒をみているので、8歳ながら非常にしっかりしています。

イッシュ家は、今回私がリサーチしたオールドオーダーアーミッシュファミリーの中で、最も進取の気性に富んだ家族です。

## 4）キング家

Barbara バーバラ（56 歳）and Gideon ギデオン（60 歳）King

| 既婚 | 長男 | Steven |
| 既婚 | 次男 | Juan |
| | 長女 | Lizzie リジー（31 歳） |
| 既婚 | 三男 | Benuel |
| 既婚 | 四男 | Samuel |
| 既婚 | 五男 | Aluin |
| | 六男 | Gideon Jr. ギデオンジュニア（23 歳） |
| | 七男 | Sylvan シルヴァン（22 歳） |

　キング夫妻には 8 人の子供がいて、うち 7 人が男子です。

　女子は、リジーだけで、現在、リジーと、六男ギデオンジュニア、七男シルヴァンの未婚の 3 人が両親と同居しています。

　キング家の生業は、農業と畜産業で、父親がほぼ一人で従事しています。

　同居の 2 人の息子は、週末や農繁期には父親を手伝って農場の仕事や搾乳、動物の世話をしますが、2 人は、普段は現金収入を得るため外で働いています。

　一家は、2019 年 9 月まで母屋に住んでいましたが、大工をしている五男がキング家の家業を継ぐことになり、5 人は隣のグランパハウスに引っ越しました。

　キング家のグランパハウスは、部屋数が多く、それまでは四男一家が子供 3 人と住んでいました。

母屋に比べて、各人の個室は狭くなりましたが、専用の小屋に地下室もあり不自由はありません。

ただ、リジーは、自分専用の花畑を兄嫁に譲り渡すため、栽培しているハーブ類を残らず移植しなければならなかったので、その作業が大変でした。

キング一家は、4軒の中で最もアーミッシュらしいライフスタイルを保持しています。


## 2. アーミッシュとの邂逅

### 1）S一家と知り合ったいきさつ

前述したように、Sファミリーとは一番長いつき合いです。

最初に会った時、現在16歳の長女は10歳の少女でした。その少女が、まるで母親のように弟たちの世話をし、揺りかごの赤ちゃんを抱いてきておしめを替え、台所仕事をするので驚嘆したものです。


私は、長年、アーミッシュについて独自に勉強をしていましたが、殆ど書物に依るもので、実際にアーミッシュの家庭を訪ねたことは一度もありませんでした。

論文を書くときに、ラター夫妻の協力で、アメリカ人のアーミッシュに対する意識調査を実施しましたが、その際、ラター夫妻がアーミッシュに繋がる人を必死で探してくれました。

ラター夫妻の尽力のお陰で、S家の近くに住むラター夫妻の教会関係者のご両親が、私が渡米したらSファミリーに引き合わせて下さるという話が、ラター夫妻から日本にいる私に届きました。

私は、数か月前に大腸と直腸のガンの手術を終えたばかりでしたが、このチャンスを逃すわけにはいきません。

長崎に住む姉に同行してもらって、2014年8月、アンケート調査を兼ね、S宅訪問のために渡米しました。

　Ｓ家は規律の厳しいオールドオーダーアーミッシュです。

　その頃はまだ、アーミッシュタクシー以外の車が、アーミッシュの敷地に入っていくことは憚られ、ましてや日本人の姉と私が、大っぴらにアーミッシュの家族を訪ねることが出来る状況ではありませんでした。

　ラター夫妻と姉と私の一団は、車を遠くへ停め、引率して下さる御母堂の後に従って歩いて家の前まで行きました。

　Ｓファミリーは、前庭にテーブルと椅子を並べて、一家揃って私たちを待っていてくれました。

　お互いに自己紹介をし、ラター夫妻とＳ夫妻はしばし歓談。

　その間に、英語がよく解らない姉と私を、子どもたちがみんなで家畜小屋に案内してくれました。

　挽ぎたて、茹でたてのトウモロコシをご馳走になった後、全員で家の中に入り、アンケート開始です。

　私のジャパニーズイングリッシュを、キャロルが英語に言い換えて、Ｓ夫人に質問してくれます。

　Ｓ夫人の答えを、キャロルが易しい英語で私に説明してくれて、私がそれを日本語に訳して姉に伝え、姉が書き留めます。

　一つの質問にかなりの時間を要するので、たくさんは聴けませんでした。

　それでも、本物のアーミッシュの家の中が見られたことに、私たちは大満足しました。

　帰り際に、Ｓ夫人と子供たちが、歌の本を開いて讃美歌を数曲歌ってくれました。

　帰国後、Ｓファミリーとの手紙のやり取りが始まり、2年後に、書き上げた論文の冊子を携えて、再度、一家を訪問しました。

　以来、今に至るまでＳ家との交流が続いています。

## 2）ベイラー家、アンナと知り合ったいきさつ

　私は、アンナとは文通で知り合いました。

2018年1月に渡米し、しばらくラター宅に滞在した後、2月初日にランカスター郊外のMillersvilleにあるインターナショナルハウスに入居しました。

　入居後、日本語教師をしながら、空いた時間にアーミッシュを求めてランカスターの郡内を東奔西走しましたが、4月になってもS家以外に私の家庭訪問を受け入れてくれるアーミッシュは見つかりませんでした。

　困窮した結果、最後の手段として、アーミッシュの新聞社に自己紹介と文通希望を記した手紙を送り掲載を依頼しました。

　その新聞 "Die Botschaft" は、オールドオーダーアーミッシュだけが読む週刊新聞で、全ページ、アーミッシュが投稿した記事で編集されています。

　非アーミッシュの、しかも日本人の、私のメッセージを掲載してもらえる可能性は限りなくゼロでした。

　周囲のアメリカ人にも、「アーミッシュは外部との接触を極力避けるのだから、そのような投稿を載せてくれるわけがない」と、私が手紙を送ったこと自体、無謀だと驚かれました。

　1か月が過ぎ、完全にあきらめかけた頃、突然、アンナから手紙が届きました。

　新聞に掲載してもらって私が受け取った手紙は、アンナのこの1通だけです。

　私は、直ぐに返事を書き、地図を買ってきてアンナの住所の場所を探しました。

　アンナの家は、ランカスター郡のフィラデルフィアに近い端の方にあります。

　私が住んでいるインターナショナルハウスがある場所からは、遠くて、とてもタクシーで行ける距離ではありません。

　最も安上がりに行く方法として、アンナの住所に一番近い町まで行って、そこからタクシーに乗ることを思いつきました。

　バスを2台乗り継いで終点まで行けば、そこからタクシーで30分ぐら

いで行けそうです。

　翌週、2時間かけてバスの終点の町 GAP へ出かけました。
　終点の停留所は、GAP ショッピングセンターの、だだっ広い駐車場の一角にありました。
　初めて訪れたその場所は、閑散としていて、ショッピングセンターとは名ばかり、私が入って行けるような店はスーパーマーケットの Weis 以外にありません。
　あとはワインショップや保険の窓口、スマホの取り扱い店など、私には全く関係のない店舗が数件並んでいるだけです。

　普通のショッピングセンターなら、当り前に、店の前や駐車場のあちこちに設置されているベンチはどこにも見当たらず、日差しを避けるための木陰もありません。
　ショッピングセンターの中にタクシーがいる気配は全くなく、当然タクシー乗り場もありませんでした。
　どこに行けばタクシーに乗れるのか、スーパーの店員さんに聞きましたが、みんな「I don't know」というばかりです。
　観光客も来ない GAP の町で、タクシーを必要とする人はいないのでしょう。

　大体、ランカスターでは「ウーバー」や「リフト」という、タクシーより安く、チップも不要な便利なシステムが普及しているので、必要な時は皆そちらを利用します。
　私は、その頃まだ携帯を持たず、ウーバーやリフト利用に必要な口座登録が出来なかったので、タクシーしか選択肢がありませんでした。
　国道沿いのガソリンスタンドに行って聞いてみると、やはり GAP の町にはタクシー会社はないそうで、ランカスターから呼ぶことになるのだそうです。
　それなら、ランカスターから乗っても料金は変わりません。

何のために GAP まで来たのか…。

　帰りのバスがなくなるので、その日はアンナ宅へのサプライズ訪問はあきらめ、往路同様、2時間かけてインターナショナルハウスへ帰りました。

　自力でアンナ宅を訪問するのは無理と分かり、フィラデルフィアの中で GAP に一番近い町に住んでいる、友人のパットに協力を求めました。

　GAP からアンナの家まで車に乗せてくれるようお願いしたのです。

　パットは二つ返事で引き受けてくれました。

　数日後、GAP のバス停でパットと落ち合い、アンナ宅を初訪問しました。

　それ以後、アンナ宅を訪問する時には、パットと GAP のバス停で待ち合わせをして一緒に訪っています。

## 3）イッシュ家、ヘンリーと知り合ったいきさつ

　イッシュファミリーとは、これも神の采配としか思えない方法で知り合いました。

　私が住んでいたインターナショナルハウスがある Millersville は、ランカスターの南側に位置していて、アーミッシュの家や農場が全くない地域です。

　道路をアーミッシュの馬車が走ることはなく、バスの中でアーミッシュを見かけることもありません。

　パットと、アンナ宅を初めて訪問して間もない頃です。

　ある日の午後、Millersville の裏道を歩いていると、あるお宅の玄関アプローチで、セメント工事をしている数人のアメリカ人男性を見かけました。

　その中の1人の風貌がアーミッシュに似ています。

　でも、アーミッシュが、アメリカ人に交じってこんな離れた町まで来て働くとは思えません。

　しかしながら気になったので、翌日、確かめるべく同じ場所に行って観察すると、麦わら帽子をかぶり、サスペンダーで黒いズボンを吊ったその男性はあご髭を生やしています。鼻の下の髭はありません。

　アメリカ人の男性で、鼻ひげだけ蓄える人はいますが、あご髭をのばす人は大抵鼻ひげも生やします。

　断定はできませんが、鼻ひげがなくあご髭だけを伸ばしている男性はアーミッシュに違いありません。

　作業の様子を眺めるふりをしてしばらく様子を見ましたが、この日は忙しそうで、話しかけるチャンスも、勇気もありませんでした。


　翌日から私の方も忙しくなり、昼間訪れる機会がないまま時間が過ぎていきました。

　翌々週、もう工事は終わっているはずだ、と思いながら、念の為その場所へ行ってみると、男性が2人いました。

　アーミッシュと思しきあご髭の男性と、白人の青年です。

　青年は、トラックの運転席で煙草を吸っており、アーミッシュらしき男性は、トラックにもたれて書き物をしていました。

　私は、思い切って声を掛けました。

「Are you Amish?（あなたはアーミッシュですか？）」

「Yes.（そうだよ）」

　それから私がどんな英語を使って彼に交渉したのか、今となっては覚えていませんが、

「アーミッシュの研究のためにランカスターに来た」

「アンケートに答えてもらいたい」

「手元にアンケート用紙がないので、後日郵送する、そのために住所を教えて欲しい」

　と、ボディランゲージを駆使して、懸命に説明しました。


　私の必死さが伝わったのか、あご髭の男性は、その場で、紙切れに住所と名前を書いて渡してくれました。

　住所は Lititz、名前は Henry Esh と書いてありました。ヘンリーとの出会いです。

　帰宅後、私はすぐにアンケート用紙と自己紹介のメッセージ、切手を

貼った返信用封筒を同封してヘンリーに郵送しました。

しばらくして、ヘンリーの奥さん、ルースから返事がきました。

アンケートの返信に添えて、手紙が同封してあり、翌月に私が訪問してもいい日が列記してありました。

2018 年夏からイッシュ家訪問が始まり、途切れることなく今日に至っています。


### 4) キング一家と知り合ったいきさつと訪問のあれこれ

アメリカでは、教会がコミュニティーの場になり、ある意味、日本の公民館のような役割を果たします。

どこの教会でも、行けば必ず歓迎されます。

仏教徒であろうが、ヒンズー教徒であろうが構いません。

私は、インターナショナルハウスに入居して間もなく、ベネズエラ人のパトリシアと一緒に、一番近くて歩いて行ける所にある Millersville のメノナイト教会に通い始めました。

その教会で知り合ったのがジェニーとダン夫妻です。

夫妻の家はインターナショナルハウスの隣にあり、夫妻は、教会の世話役でもあったのであらゆる面で新参者の私たちに親切にしてくれました。


ある時、日本の大学教授が、アーミッシュの健康管理調査にランカスターを訪れることになり、インタビューができるアーミッシュ婦人を数人紹介して欲しいと、私に依頼がありました。

私はその時、アンナやルースとは知り合って間もない頃で、S 夫人以外に、気軽にインタビューをお願いできるアーミッシュ婦人の心当たりがありませんでした。

その話を、ジェニーにしたところ、

「ダンが力になれるかも」…想定外の成り行きです。

そうして紹介してもらったのが、キング夫人でした。

キング家の長女リジーは、お金持ちのアメリカ人が入居するナーシングホームで、週に数日、洗濯の仕事をしています。

　ダンは、そのホームの監督者で、リジーの上司でした。

　ダンがリジーに交渉してくれて、キング夫人がインタビューを受けて下さったのでした。

　当日、大学教授に同行していた私は、教授のインタビューが終わった後、自分のためのアンケート用紙をキング夫人に渡し、記入して返送してくれるよう頼みました。


　私が、アーミッシュのリサーチをしていることをダンから聞いたリジーは、キング夫人と相談して、私の訪問を定期的に受け入れることに決めてくれました。

　ジェニーからその話を聞いた私は、飛び上がって喜びました。

　しかも、キング宅が、バスが通らない辺鄙なところにあるため、ダンが、通勤のついでに送迎をしてくれるというのです。私にとっては夢のような話でした。

　ダンの勤務時間は、午前7時から午後3時半までです。

　ダンは、通常6時半に家を出るそうなのですが、私がキング家を訪問する時は、朝6時に迎えにきてくれました。

　帰りは、仕事が終わるや否や急いでキング家に駆け付けてくれました。

　ダンは、リジーから、私がキング宅で家族と同じように働いている、と聞いているので、一刻も早く、私をアーミッシュの過酷な労働から解放してやろう、との親心なのです。


　朝の早いキング夫人とリジーは、昼食が済むと昼寝をするのが日課です。

　私にも、客用のベッドを用意して横になるよう勧めてくれました。

　疲れている時、たまに一緒に昼寝をすることがありましたが、私は大抵、昼寝の時間はキング宅で観察したことを記録する時間に充てていました。


　午後の作業は、リジーの昼寝が終わってからです。

　ダンが私を迎えに来るのは、いつも作業の真っ最中でした。

　畑での野菜の収穫中、家畜小屋で干し草を運んでいる時、台所でクッ

キーを焼いている途中、などなどです。

　ダンを待たせるわけにはいかないので、私は仕事を中断し、いつも後ろ髪を引かれる思いでダンの車に乗り込んでいました。


　2019年、1月のある日、インターナショナルハウスの私の隣室に、短期滞在の中国人女性が入居してきました。彼女は、時々ウーバーを利用しています。

　ある晩、ダンの母親が危篤状態になり、翌日の送迎が出来ないと急報してきました。

　私が困っていると、その中国人女性が、彼女のウーバーを紹介してくれました。

　彼女が利用しているのは、無登録で現金払いの中国人ウーバー、M氏だったのです。

　M氏は、事前に電話で予約をすれば、いつでも時間通りに来てくれます。

　その後、ダンの母親が亡くなり、葬式その他でダンが仕事を休むことが重なりました。

　それを機会に、私はダンの厚意に甘えることを遠慮し、キング宅を訪問する際にはM氏にお願いすることにしました。

　2019年3月に街中のアパートに移ってからは、正規のウーバーに登録が出来たので、往路は予約の必要がなくすぐに呼べるウーバーを、復路はM氏にお願いしています。

# 第3章

## 1．S家にまつわる話

### 1）アーミッシュ学校の学芸会

　2018年3月初旬、日本からランカスターに移住して初めてS宅を訪問しました。

　S家では、次男、三男、四男の三人がアーミッシュ学校の生徒です。

　その3人が通う学校で、翌々週に、イースター（復活祭）のエンターテイメントが開催されるとのことです。

　アーミッシュ以外の人間が、そういう場所に出席できるとは思いもしなかったのですが、子どもたちが母親に頼んでくれて、当日、S夫人が私を会に招待してくれました。


　エンターテイメントの会は、生徒全員がイースターに因んだパフォーマンスを披露する、日本の学芸会のようなものです。

　私にとって、初めてのアーミッシュ学校訪問でした。

　1部屋しかないアーミッシュ学校の教室では、生徒の家族が全員同時に入りきれないため、会は、午後1時半からと午後5時からの2回開催されます。

　S家では、父親と長男は仕事のため2回目の午後5時からの会に出席する予定です。

　この時は家族全員で出かけるので、昼間私に同行する夫人と長女、2歳と4歳の息子2人は同じパフォーマンスを2回観ることになります。


　昼食後、私たちは、アーミッシュタクシーに乗って学校へ向かいました。

　夫人は、ピシッとアイロンが掛かった紫色のドレスに黒いエプロン、長女は、若草色のドレス、男の子たちも揃って若草色のシャツを着ています。

　全員よそいきの雰囲気です。

　実は、学校へ着いて分かったのですが、今日は、生徒たちは兄弟姉妹、

同じ色の服を着ることになっているのだそうです。

　Ｓ家では、子供たち全員が若草色の洋服です。

　事前に先生が確かめるのか、全家族が違う色の服を着ていました。

　観客の方も、色で兄弟姉妹であることが判るので、より興味深く観劇できる気がしました。

　教室の中は、前方に、シーツを幕代わりに下げた舞台がしつらえてあり、その前にチャーチサービスで使用するベンチが何列も並べてありました。

　最前列のベンチは、子供の観客たちが座る席だそうで、Ｓ家のちびっ子たちも、母親から離れて一番前のベンチに座りました。

　どの子も、ふざけたりおしゃべりしたりせず、行儀よく座っています。

　多分、チャーチサービスの時に、長時間、おとなしく座ることに慣れているので、静かにしていることが身についているのでしょう。

　今日出演する生徒たちは、全員、舞台のそでに立って出番を待っています。

　その中に、花柄のドレスを着た女子生徒数人と、チェックのシャツを着た男子生徒数人が交じっていました。

　Ｓ家の子供たちが通う学校は、典型的なアーミッシュのワンルームスクールで、先生もアーミッシュ学校を卒業した若いアーミッシュ女性です。ですが、実は、この学校は、アーミッシュとメノナイトが一緒に勉強する学校だったのです。

　アーミッシュは、ある一定の場所に自分たちだけで固まって住んでいるわけではありません。アーミッシュの家は、ランカスターの農村地域に点在しており、非アーミッシュやメノナイトと混じり合って暮らしています。

　アーミッシュ共同体の校区の中にはメノナイトの家族が住んでいる場合が多く、保守的なメノナイトの親は、子供をむしろアーミッシュ学校に通わせたいと望むのです。

　観覧席には、メノナイトの家族や友人たちが15人前後座っていました

が、アーミッシュとメノナイトの親たちは、完全に分かれて座っており、親しく交流している様子は見受けられませんでした。

　アーミッシュの親たちは、我が子が、メノナイトの子供たちから好ましくない影響を受けるのを警戒しているのでしょうか？

　あとでS家の子供たちに聞いたら、学校では普段、アーミッシュもメノナイトも、生徒たちはみんな一緒に遊んでいるそうです。


　会は、先生と生徒たちの、全員による歓迎の歌から始まりました。

　先生が歌い出すと、すぐに生徒が続きます。

　英語の歌とドイツ語の歌が混在していて、途切れることなく何曲も続きました。

　生徒たちは、歌の本を抱えてはいましたが、曲も歌詞も全部頭に入っているらしく、歌の本を開いて見る子は1人もいませんでした。

　S家の1年生の四男も、しっかり前を見て、大きく口を開けて歌っていました。

　歌の後には、劇やコント、詩の朗読が続きました。

　誰1人セリフを忘れたり、メモを見たりすることはなく、また恥ずかしがることもなく、堂々と演じていたのに感心しました。


　日本の学芸会と違うのは、当たり前ですが、メノナイトを含め生徒の親たちがスマホやカメラを構えないことです。

　日本の親なら、アメリカもそうですが、我が子の出番になったら写真を撮るのに余念がないでしょう。

　ビデオカメラを手に、舞台の前に押しかけて録画する父兄もいるかもしれません。

　写真が禁止されているアーミッシュの親たちは、我が子のパフォーマンスは、目で見て、脳裏に刻んで満足するようです


　日本の学芸会と、決定的に違うことがありました。

　日本では、1つの演目が終わると、その都度拍手をして、演技者の健闘

を称えますが、アーミッシュは、パフォーマンスが終わっても拍手はしません。

　静かに、次の演技が始まるのを待ちます。

　アーミッシュが手を叩かないのは、拍手の多寡で、生徒の演技が評価されないよう配慮しているのかもしれません。


　演目が半分終わったところで、観客も参加しての、歌の会になりました。

　音頭を取るのは先生で、プログラムの裏に歌詞が印刷されています。

「The Scarlet Purple Robe」と言う歌です。

　アーミッシュやメノナイトなら誰でも知っている歌らしく、客席の大人も子供も全員で歌います。

　曲の途中で、大人たちが二部三部にハモリ、美しい歌声が教室中に響き渡りました。

　休憩時間を挟んで、後半の演技が始まりました。

　前半と同じく劇やコント、グループ別の合唱などです。

　そして、全てのパフォーマンスが終了して、生徒全員が舞台に並んだ時、観客は初めて手を叩きました。

　拍手はしばらく鳴り止みませんでした。


## 2）長男と馬車に乗る

　S家の長男が、16歳の誕生日を迎えた時の話です。

　長男は、自分用の馬車を買ってもらって、嬉しくてたまらない様子です。

　私が訪問したとき、たまたま彼が家に居て、「馬車に乗りたいか？」と聞いてくれました。もちろん乗ってみたい気持ちはやまやまですが、誰かに見られたら大変です。

　躊躇する私に、S夫人と長女が、「大丈夫、敷地の外には行かないから」と、背中を押してくれました。

　観光用の馬車には何回か乗ったことがありますが、本物のアーミッシュの馬車に乗るのは初めてです。

　ウキウキドキドキしながら、ピカピカの御者台に、ハンサムなアーミッ

シュの若者と並んで座りました。

　長男は、慣れた手つきで馬の手綱を握り、ゆるゆると家の周りを一周して、それから、敷地の中の農道をパカパカと走りました。

　映画の主人公になったような気分でした。

　幸せな時間はアッという間で、長男は元来た道を戻ると、夢見心地の私を降ろして、そのまま友達の家に向かって颯爽と駆けていきました。

### 3）16 歳になったら自分用の馬車

　アーミッシュの男性は、16 歳になると自分専用の馬車を親からプレゼントされます。

　ごくまれに、アーミッシュの女性で馬車をもらえる人がいるそうです。

　自分用の馬車があれば自由にどこへでも行けるので、アーミッシュの男の子が 16 歳になるのを待ちわびる所以です。

　アメリカ人の若者が、高校生、大学生になって自家用車を欲しがるのと同じです。

　馬車の種類には、箱型、2 人乗り用の屋根がないもの、荷馬車型のものがあります。

　車に例えると、箱型は普通乗用車、屋根なし 2 人用はスポーツカー、荷馬車はトラックといった感じでしょうか。

親からもらう馬車を、どのタイプのものにするか、本人にとって人生初の重大な選択は、馬車の値段や親の要望などよりも、実は、所属するユースグループの意向を強く受けて決定されます。

　仲間と同じ種類の馬車を所有することは、仲間意識を高め、連帯感を強くします。

　目立つことを好まず、協調性が優先されるアーミッシュ社会では、同じユースグループに属する男性は、ほぼ同じ型の馬車を所有することになるのです。


　地味な保守系のユースグループは荷馬車で、革新的なグループは屋根なし2人乗り？と思いがちですが、保守の度合いは関係なく、各ユースグループの伝統で決まります。

　金銭的に余裕のある若者は、冬の寒い時は箱型、夏の暑い時は屋根なし馬車と、2台の馬車を所有して、乗り分けているそうです。


　私が乗せてもらった、S家の長男の馬車は、屋根なし2人乗り用でした。

　イッシュ家と、キング家の息子たちは、全員、箱型の馬車を所有しています。


### 4）ユースの会とは？

　ユースの会は、洗礼前の未婚の若者達で結成される、教会区を超えたグループです。

　アーミッシュの若者は、16歳になると男女共ユースグループのどれかに所属します。

　各グループには名前が付いていて、活動内容や会の決まりが少しずつ異なります。

　会の選択に、親、兄弟は全く口出しせず、どのグループに入るかは自分で決めます。

　ユースの会の活動は、ラムスプリンガの過ごし方に深く関係してくるので、グループ選びは、アーミッシュの若者にとって最も重要な関心事です。

　ちなみに、ランカスターには現在 30 組ほどのユースの会があります。

　イッシュ家には、三男アイサック（25 歳）、五男アイヴァン（19 歳）、四女ファニー（18 歳）、五女セーラ（16 歳）の 4 人の入会者がいます。

　三男アイサックと五女のセーラ は、ハミングバードと云う、地元のユースグループに所属していますが、五男アイヴァンと四女ファニーは、それぞれ、恋人の属する自宅から遠い地域のグループに入っています。

　セーラに、姉妹でなぜ同じグループに入らないのか尋ねたら、「ファニーのグループは、ファンシーなグループなので、自分には合わない」と言っていました。

　美人で、おしゃれで、華やかなファニーと、地味で働き者のセーラ。

　この場合の "ファンシー" は、"派手な" と訳するのが一番ぴったりくる気がします。

　セーラと、無口で 25 歳になってもまだガールフレンドがいないアイサックが、地元の同じユースの会に属しているのは納得がいく気がしました。

　S 家の長男（18 歳）と長女（16 歳）も、地元の同じユースの会に所属しています。

　キング家の、六男ギデオン（23 歳）と七男シルヴァン（22 歳）は、双子のようにいつも一緒にいて仲良しですが、ユースの会は別々です。

　実は、2 人は同じグループに所属していたのですが、会員が百名を超えたため、前年、2 つのグループに分けられました。その際、年齢別に奇数と偶数で分類されたため、年子の 2 人は別々のグループになってしまったのです。現在、両グループとも会員数は 55 名だそうです。

　ユースの会の所属替えは自由で、結構頻繁に行われていて、他グループに友人が出来て誘われたり、他グループの活動を羨ましく思ったりした場合は気軽に移っていくそうです。

　特に、ボーイフレンドやガールフレンドが出来た場合は、どちらかがどちらかのグループに移ることが普通です。

アーミッシュは、恋人同士であって
も、婚約を公表するまでは、2人だけ
で人目を忍んでデートをする、という
ことは出来ないので、同じグループに
属して一緒にグループ活動をするこ
とが、即2人のデートになります。

　ランカスターの、ユースグループの
活動の柱は、毎週日曜日の午後、郡内
のあちこちで開催される歌の会です。

　事前に開催場所は告知されるので、
会のリーダーが、毎週、参加する歌の
会を選び、グループ全員で参加します。

　歌の会も、チャーチサービス同様、
男女が並んで座ることはなく向かい
合わせに座ります。

　歌いながら、目の前に並ぶ異性の中から、好みの相手を探すわけです。

　歌の会に参加するのは、16歳から20代前半の若い男女で、齢を取るに
つれ、だんだん参加がためらわれるようになります。

　30代になると、もう歌の会には行かないそうです。


　アーミッシュの社会では、お見合い相手を紹介してくれる世話焼きのお
ばさんや、出会いの場を提供してくれる結婚相談所のようなものは存在し
ません。

　従って、この期間に自力でデートの相手を見つけないと、生涯独身でい
ることになります。

　イッシュ夫妻は、30数年前、やはり歌の会で知り合ったそうです。

　2人は、それぞれ違うユースグループに入っていましたが、ヘンリーが
ルースの所属するグループに移って来ました。

　2人の家は16マイル離れていたため、ヘンリーは毎週末2時間の道の
りを馬車を駆ってルースの家に通い、一緒にグループ活動をしたそうです。

車で16マイルの距離（25.6km）はたいして苦にはなりませんが、馬車で走るのは大変です。

「その甲斐あってルースと結婚できたヘンリーは幸せ者」

私がそう言ったら、ヘンリーは、嬉しそうに頷いていました。

## 5）アーミッシュタクシーは大繁盛

S家の18歳の長男にはまだ恋人はいませんが、イッシュ家の18歳のファニーと、19歳のアイヴァンには、それぞれ恋人がいます。

ファニーは以前、地元のユースグループに属していましたが、歌の会で現在の恋人と知り合い、彼が所属するグループに移りました。

恋人の家は、ファニーの家から20マイル以上離れたところにあります。

彼は、ファニーと一緒にユースグループの活動に参加するため、毎週、アーミッシュタクシーを雇ってファニーの送迎をしています。

アイヴァンの恋人は、彼が働く建設会社の近くに住んでいます

アイヴァンは、恋人の家に通うのに便利なように、自分の馬車を仕事場に置いています。

平日、仕事場までは会社の車が送迎してくれて、家には父親ヘンリーの馬車があるので、自宅に自分の馬車がなくても不便はありません。

アイヴァンは、日曜日の夜、恋人の家から会社に戻り、馬車を置いてアーミッシュタクシーで帰宅します。

イッシュ家の嫁いだ娘たちは、貰い物のおすそ分けやルースが作ったものをもらうために、度々、アーミッシュタクシーで実家にやってきて、5〜6分タクシーを待たせてすぐに帰っていきます。

キング家のリジーは、ボランティア活動や友だちとおしゃべりをするために、ほぼ毎週アーミッシュタクシーを呼んで出かけます。

携帯電話やスマホを持っているアーミッシュの若者達は、電話で簡単に連絡がつくので、アーミッシュタクシーを気軽に利用します。

馬車で行ける距離でも、車の方が楽だし、友人でもある懇意のアメリカ

人やメノナイトのドライバーがいるので、頼みやすいのです。

　昔は20～30マイルの距離なら、2頭立ての馬車で出かけたそうですが、そういえば、ランカスターに来て、まだ道路を2頭立ての馬車が走るのを見たことがありません。

　馬は、最低20マイルごとに休ませ、水と餌をやらねばなりません。

　2頭分の水や餌を用意して出かけるより、お金はかかってもアーミッシュタクシーを利用する方が、危険もなくずっと楽です。

　アーミッシュタクシーは、以前はアーミッシュの役に立ちたい、という奉仕の精神から、近所に住むアメリカ人が、安い料金で運転を請け負う場合が多かったのですが、現在は、個人と言えど殆どがビジネスです。

　ランカスターには、運転手を何人も抱えた、予約をせずとも必要な時には電話でいつでも来てもらえる会社組織のアーミッシュタクシーもあります。

　アーミッシュの家ではWi-Fiが繋がらないので、帰宅時にウーバーが呼べない私も、何度かお世話になりました。

　アーミッシュタクシーは、送迎先から運転手の自宅までの料金を加算されるので、アーミッシュの居住地に住んでいない私は、ウーバーの2倍近くの料金を現金で払うことになります。アーミッシュタクシーに乗る度、ストレスが溜まりました。

　アーミッシュは遠距離でアーミッシュタクシーを利用する場合、1人で乗るような不経済なことはしません。

　事前に口コミやアーミッシュ新聞で同行者を募り、定員ぎりぎりまで乗り合わせて、タクシー代は割り勘で支払います。

　アーミッシュのライフスタイルが多様化し、若者の行動範囲が広がるにつれて、ランカスターのアーミッシュタクシーは、今後ますます繁盛すると思われます。

## 6）アーミッシュもコストコで買い物

S夫人は、私の訪問中に、妹と一緒にアーミッシュタクシーを呼んで、コストコに買い物に行きました。

ランカスターのコストコは、アーミッシュが馬車では行きにくい市街地にあります。

また、コストコで買い物をするには、銀行口座を登録してメンバーになる必要があります。

アーミッシュの多くは、現金かチェック（小切手）での支払いを好み、クレジットカードを持ちたがりません。

そのような事情から、以前は、コストコでアーミッシュを見かけることは殆どありませんでした。

しかしながら、ここ数年、コストコを利用するアーミッシュが激増しました。

家族が多いアーミッシュにとっては、大量で価格が安く、品質に不安がないコストコの商品は、抗いがたい魅力にあふれているからです。

イッシュ家のルースも、ドライバーを雇って、時々、コストコに買い物に行くと言っていました。

今はまだ、コストコの店内で、アーミッシュ用に特化した商品を見かけることはありませんが、アーミッシュの買い物客が増えてくれば、そのうち、アーミッシュ男性用の麦わら帽子とか、アーミッシュドレスの既製品などが商品棚に並ぶかもしれません。

2020年1月、コストコに行ったら、6〜7人の若いアーミッシュ女性が買い物を終えて、車に荷物を積み込もうとしていました。

全員、若い母親で、乳母車を押している女性も数人いました。

車は、8人ぐらい乗れそうな大型のバンで、アーミッシュタクシーでしょう。

女性たちの、買い物の量がはんぱではなく、こんなに沢山の人間と、乳母車と、荷物が車にちゃんと載るのか心配になりました。

何台もの、大きなカートにむき出しで積んであった荷物の多くは、トイ

レットペーパーと紙おむつでした。

　ランカスターでは、30年ぐらい前に一部のアーミッシュが紙おむつを使い始めましたが、皆が皆、紙おむつを使用するようになったのは、ここ数年だそうです。

　コストコに、アーミッシュが姿を見せ始めた時期にリンクする気がします。


　荷物の中に粉ミルクの缶がなかったので、後日S夫人に、アーミッシュは粉ミルクを使うことはないのか確かめたら、母乳しか飲ませないとのことでした。

　母乳が出ない母親はどうするのでしょう？

　何人も子供を生んでいると、だんだん母乳の出が悪くなる、ということはないのでしょうか？

　キング夫人は、母乳が出ない時は代わりに羊乳を飲ませると言っていました。


### 7）16歳になった女の子が貰うもの

　2019年夏、S家の長女とイッシュ家のセーラは16歳になりました。

　アメリカでは、16歳は大人になる大事な節目の齢と考えられているので、16歳の誕生日は盛大にお祝いをします。アーミッシュ社会でも同じです。

　アーミッシュの男性は、16歳になると両親から馬車をもらいますが、女の子は何をプレゼントされるのでしょうか？

　アーミッシュの女性にとって馬車に匹敵するプレゼントとは？


　S家の長女とセーラが両親からもらったものは、どちらも新しいドレスでした。

　靴やバッグをもらう女の子も多いそうです。

　S家の長女のドレスは、光沢のある淡いピンク色で、セーラのドレスは、上品なベージュ色です。

　アーミッシュの若者は、16歳になると自由にどこへでも行けるので、女性たちも友人たちとお出かけすることが多くなり、結婚式に招ばれる機会も増えます。

　シンプルライフを信条とするアーミッシュ社会においても、若い女性はやはりおしゃれをしたいので、ドレスは嬉しいプレゼントです。

　アーミッシュの社会には、仕立屋など存在しないので、外套以外の家族の衣類は全て母親が作ります。

　アーミッシュの女性は、16歳を過ぎると自分の着るものは全て自分で作らなければなりません。この時にもらうドレスは、最上のお手本になります。

　後日、両家を訪問したら、実際にＳ家の長女もセーラも、プレゼントのドレスをお手本にして、新しいドレス作りに挑戦していました。

　長女が作るドレスは、ローズピンクで、セーラのドレスは真っ赤でした。

　ピンクはまだしも、真っ赤はアーミッシュにしては派手すぎる色だと思ったので、セーラに「きれいな赤い色だけど、大丈夫？（派手すぎない？）」と婉曲に私見を述べたら、「この色のドレスを着ている人はいっぱいいる。普通！」と返されました。

　地味でおとなしいセーラも、16歳になると羽ばたくんだ、としみじみ感じた瞬間でした。

　Ｓ家の長女のドレスは、１ヶ月経っても完成せず、ずっとミシンに広げたままです。

　たまに、母親がチェックしていますが、ミシンを掛けては解き、解いてはまた縫いしているのでまだまだでしょう。

　長女は、他のことは何でも上手にできるのに、洋裁は苦手のようです。

　Ｓ家では、母親も長女も、パッチワークをしたことがないそうで、アーミッシュの家には珍しく、Ｓ宅のリビングルームには、キルトが１枚もありません。

## 8）ミシン針はあっても縫い針は無し

S家で洗濯物を畳んでいた時の話です。

長女のドレスに小さなほころびを見つけたので、繕うべく、S夫人に糸と針を貸してくれるよう頼みました。

夫人は、裁縫箱を出してきましたがミシン針しかありません。

縫い針は1本も持っていないとのこと。

縫い物は全てミシンで、今まで一度も手縫いをしたことがないのだそうです。

アーミッシュの着るものは、冬のコート以外全部主婦の手作りです。

そういえば、アーミッシュの服には、手縫いをする部分は1箇所もありません。

裾上げも、襟ぐりの始末も、ボタン付けさえミシンでやってしまいます。

キルトをする女性なら、当然縫い針は持っているはずですが、S夫人のように、ドレスやシャツ、ズボンは縫製しても、キルトをしない女性には縫い針は必要ないのです。

たまたま、私が携帯していたソーイングセットに、針が1本付いていたのでマッチする色糸を借りて繕いました。

ほつれている洋服がいっぱいあるというので、次回の訪問時には、日本から持ってきた自分の裁縫箱を持参することにしました。

次に訪問したとき、S夫人は、補修が必要なシャツとズボンとドレスを山のように出してきました。

ここ2か月ほど、ずっと長女がミシンを独占していて、ミシンにピンク色の糸が掛ったままなので、補修が手つかずになっていたそうです。

夫人が、色とりどりの糸が入った箱を持ってきました。

確かに、衣類の色ごとに、ミシンの糸を付け替え、ボビンケースを入れ替えるのは面倒な作業です。

ミシンの前には、今日も長女が座って、なかなか出来上がらないピンク色のドレス作りに奮闘しています。

　母親のＳ夫人は、たまに進捗状況を見に来ますが、手出しはしません。

　16 歳になった長女は、これからは自分の着る物は、全部自分で作らなければならないので、ここでしっかり習得する必要があるのです。

　私は、長女と母親の様子を観察しながら、その日は、行ってから帰るまで針仕事に終始しました。

　長女のドレス作りが終わらないのは、1 つには、日々の長女の仕事が多すぎて、ミシンから離れることを、しょっちゅう余儀なくされるからかもしれません。


## 9）ミシンとアイロン

　ひと昔前まで、アーミッシュが使うミシンは、電力不要の足踏みミシンでした。

　現在は、どの家庭でも電動ミシンを所有しています。

　それも、直線縫いとジグザグ縫いをするだけのシンプルなミシンではなく、部品を取り換えれば、模様縫いも、ボタン付けもできる複雑なミシンです。

　ミシンは、ポータブルなので、大抵、不用になった足踏みミシンの、本体を取り外した台の上に設置されています。

　アーミッシュの家には、木箱に入れた 12 ボルトの蓄電器があって、プラグを差し込むコンセントが付いています。

　ミシンを使うときには、この木箱をミシンの傍に運んで来て、プラグを繋ぎます。


　蓄電器の容量は、各家庭により様々で、Ｓ家の容量は 800 ワット、アイロンには使えません。

　Ｓ夫人の妹の家には、容量の大きい蓄電器があるそうで、
「妹は、電気アイロンを使っているのよ」と、羨ましそうに話してくれました。

　アーミッシュのアイロンは、ストーブや、コンロの上で熱して使う、鉄製のものです。

私は、アンナ宅を除く全部の家と、ルースの娘宅で、アイロンがけを手伝いましたが、重いアイロンを、頻繁にコンロに乗せて熱くせねばならず、一筋縄ではいかない作業でした。

　アーミッシュ女性にとって、アイロンがけは、最も敬遠したい家事だそうです。

　多分、近い将来、どのアーミッシュ家庭でも蓄電器の容量を大きくして、電気アイロンを使うようになると、私は確信しています。


　アーミッシュにとって、伝統を守るのは大事なことですが、女性たちに、過度な負担を強いる先人の慣習を、踏襲する必要はないと思います。

　アーミッシュのアイロンがけは、危険を伴う大変な作業です。

　アーミッシュの女性たちが、電気アイロンを普通に使える日が1日も早く来ることを願っています。


## 10）ピザソースのキャニングとポップコーン

　いつものようにS家に行くと、S夫人が、キャニング用のガラス瓶を台所の調理台にずらりと並べて、私を待っていました。

　今日は、1年分のピザソースを作ってキャニングするそうです。

　先ず、2人で手分けして野菜を刻みます。

　私がセロリをみじん切りしている間に、夫人がタッパーウェアーのチョッパーを使って玉ねぎのみじん切りをしました。

　このタッパーウエアーのチョッパーは、大抵のアーミッシュが持っています。

　イッシュ家にも、キング家にもありました。

　丸い形で蓋つき、ひもが付いていて、ひもを引っ張ると中のカッターが回って食材を刻みます。

　玉ねぎの場合は、最初に乱切りをしてからチョッパーに入れます。

　S家では、5年ほど前から、野菜を刻むときはこのチョッパーを使っているそうです。

　鍋に、みじん切りのセロリと玉ねぎをいれ、自家製のトマトジュースを

注ぎます。

　その中に数種類の調味料を入れ、数時間、とろ火で煮ます。

　煮詰まったら、熱いうちにガラス瓶に詰め、外で冷まし、その後キャニングします。

　出来上がったソースの量は、ガラス瓶（高さ 17cm、直径 9cm）13 本分ありました。1 か月に 1 本使うのでしょう。

　キャニングは、瓶に蓋を被せて密封し、瓶全体を熱湯に浸けて沸騰させる保存方法です。沸騰させる時間は食材によって違います。肉、野菜類は 2 〜 3 時間、トマトやフルーツは 15 〜 20 分、火を通した野菜は 15 分キャニングします。

　密封が不完全だったり、沸騰させる時間が短かったりすると、保存中にカビが生えたり、味が変わったりするそうです。

　ランチに、出来立てのピザソースを、そのままスープのようにしていただきました。

　S 家には、小さい子供たちが何人もいるので、ソースはちょっぴり甘めに出来上がっていました。

　ランチに添えて、長女が大鍋いっぱいのポップコーンを作りました。

　そのポップコーンの美味しかったこと！

「こんなにおいしいポップコーンは食べたことがない！」心から絶賛しました。

　長女に、何で味付けをしたのか聞くと、オニオンサワークリームパウダーとチェダーチーズパウダー、塩などを使ったと言います。

　日本にいる時、時々ポップコーンを作りましたが、味付けは塩を振るだけでした。

　その味が忘れられずに、その後、行く先々のマーケットでこれらのシーズニングを探しましたが、アメリカ人御用達のお店にはどこにも置いてありませんでした。

ある日、アーミッシュの居住地にあるスーパーマーケットで、偶然、念願のポップコーン用シーズニングを見つけました。

　4種類並べてあり、迷った末、全種類のシーズニングを買い込みました。

　同じ棚に、マッシュルームポップコーンという名前の、それまで見たことがない、大粒のポップコーンが並べてあったので、それも買って帰りました。

　それからというもの、毎日毎日、小鍋でポップコーン作りです。

　中毒状態になり、結構な量のシーズニングを摂取してしまいました。

　ラター夫妻が我家を訪ねてくれた時に、自慢のポップコーンをご馳走しました。

　ケンが、「こんなにおいしいポップコーンは食べたことがない！」と賞讃してくれました。

　私は、化学調味料を口にすると、即、気持ちが悪くなります。

　でも、このポップコーンはいくら食べても平気でした。

　キャロルに、シーズニングの成分構成を読んでもらったら、全て天然素材でした。

　マッシュルームポップコーンも、遺伝子組み換え製品ではなく、化学肥料も不使用なので、毎日食べても害はないと解りました。

　それからというもの、我家を訪れる人たちにポップコーンを作ってはご馳走。

　みんなに、「こんなおいしいポップコーンは食べたことがない！」と絶賛されて、悦に入っています。

　どこで買えるか教えたので、その後何人かはその店に行ったはずです。

## 11）電話の置き場所

　6年前に初めてＳ家を訪ねた時、電話が、家畜小屋の中に設置されていたので驚きました。

　その頃のアーミッシュ社会では、電話は、数家族が共同で利用するもの

で、個人が、電話線を敷地内に引き込んで使用するのはあり得ないことだったからです。

実際、どの地区にも、道路から見えるところに電話小屋が設置されていました。

Ｓ家では、仕事に必要なので、教会の牧師に許可を得て電話を引いたとのことでした。


それから２年後に再訪したとき、Ｓ家の電話は、家畜小屋から玄関の三和土に移されていました。

ここなら、電話を掛けに外に出なくても済むので、雨の日や、寒い時は助かります。

それに、壁の向こうは台所なので、ベルが鳴れば聞こえます。

ただ、電話がかかってきても、すぐに受話器を取ることはできません。

アーミッシュは、家の中に電話を設置することはタブーなので、疑惑を持たれないようにするためです。

メッセージを聞いて、差支えがない相手なら、途中で電話に出ます。

ベルが鳴ると、家に居る人は電話の周りに集まり、電話の声に耳を傾けます。

話をしたい相手なら、たまたま電話機の傍にいたふりをして即、受話器を取ります。


2018年に、ランカスターに来て初めてＳ家を訪ねたら、玄関小部屋と台所の仕切りの壁が四角く切り取ってありました。

台所で洗い物をしながら、手を伸ばせば、電話の受話器が掴めます。

わざわざドアを開けて、玄関へ回る必要がないので便利です。

長女が、子犬の売買のことで電話をしているのを、たまに台所から見かけました。

ある日、やはり子犬のことで、長女が電話をしているときに、相手に自宅のものではない電話番号を伝えているのを耳にしました。

家族の誰かが携帯電話を持っていて、その番号かしら？と思いながら、

リビングの飾り棚を掃除していたら、真ん中の棚に、電話機が布をかけて隠すように置いてありました。多分、この電話の番号だったのでしょう。

長女が子犬の売買をするための専用電話に違いありません。

次にＳ家に行ったとき、飾り棚の電話は、堂々と、棚の真ん中にむき出しで置いてありました。

昼食の後、父親が、私を気にする風もなくこの電話を使って何やら商談を始めました。

個々の家庭が、独自に電話を設置するようになった現在、嘗ての道路際の電話小屋は無用の長物になりました。

農道を走っていると、朽ち果てた電話小屋が、ここそこに蔦に絡まって埋もれそうになっているのが見えます。


Ｓ家には、まだスマホを所有する家族はいませんが、電話機は２台あり、どちらも、小屋の中ではなく家の中の、玄関小部屋とリビングに置いてあります。

イッシュ家とキング家には、スマホを所有する息子たちがいます。

でも、電話機はアーミッシュのルールに従って小屋の中に設置してあり、家の中にはありません。

アンナの家は、スマホを持つ同居人はいませんが、同じランカスターに住む息子がスマホを所有しています。

アンナ宅の電話機は少し離れた小屋の中に置いてあります。


アメリカや日本など先進国では、携帯電話やスマホは、いまや国民の必需品です。

発展途上国においても、若者の必需品になりつつあります。

アーミッシュの若者達も、スマホ所有者がじわじわ増えていて、全体に浸透するのは時間の問題かもしれません。

近い将来、アーミッシュ社会においても、若者から年寄りまで、みんなが携帯電話やスマホを持つようになる気がします。

## 12) クリスマスクッキーを作りに行った日

インターナショナルハウスに住んでいた 2018 年 12 月、S 家訪問予定日の前夜遅くに、送迎を予約していた運転手から、突然、行けないとの連絡が入りました。

M 氏と知り合う前で、まだウーバー登録ができていない頃の話です。

平日なので、みんな仕事や学校があり、送迎を頼める人はいません。

S 家は、Shady Maple というバスの終点の、その先にあります。

Shady Maple は、ランカスターで一番有名で、大きなレストランなので、そこへ行けばタクシーが頼めるはずです。

取り敢えず Shady Maple までバスで行くことに決めました。


早朝出発して、バスを乗り継ぎ、無事に終点に着きました。

訪問約束の時間まで、まだ 30 分あるので間に合いそうです。

Shady Maple の受付へ行って、タクシーを頼みました。

フロントの男性が、タクシー会社へ電話をしてくれました。

Shady Maple の近くにはタクシーがおらず、ランカスターから来るので、45 分かかる、と言います。

タクシーを 45 分待って S 家に向かったら、1 時間はかかります。

タクシーはあきらめて、歩いていくことにしました。

フロントの男性が、パソコンで地図をプリントアウトして、行き方を説明してくれました。


Shady Maple の広い駐車場を横切って、崖を下ってたどり着いた道路には、歩道も馬車のための側道もなく、車道の端を歩くことになりました。

しばらく行くと、車道の端が斜めになっていて、重いリュックを背負っていたためバランスを崩して転んでしまいました。

左顔面をコンクリートに打ち付け、擦りむいた頬から血が滲み、顔全体が腫れてきたのがわかりました。

でも、手や足は大丈夫です。

大した怪我ではなかったことを神に感謝し、歩き続けて、約束の時間を

30分過ぎてS宅に到着しました。

みんな私の顔を見てびっくりです。


　しばらく休んで、母親と長女と3人で、クリスマスクッキー作りに取り掛かりました。

　先ずは、ピーナッツバタークラッカーのチョコレートがけです。

　クラッカーにピーナッツバターをはさみ、溶かしたチョコレートに浸します。

　フォークで持ち上げてチョコレートの滴をきり、ワックスペーパーの上にならべて冷まします。

　溶かしたチョコレートは、すぐに固くなるので、度々、オーブンに入れて緩めます。

　ボウルごと湯煎にかければ固くならないので、そう勧めてみましたが、アーミッシュには湯煎の概念は無いようでした。

　クラッカーのチョコレートがけを作り終え、残ったチョコレート液にピーナッツを混ぜて、スプーンですくってワックスペーパーの上に並べます。

　そのうえに、赤と緑の粉末シュガーを振りかけて、外で冷やします。

　ピーナッツチョコレートの出来上がりです。


　次は、クッキー作りです。

　材料は、卵、バター、砂糖、小麦粉、ベーキングソーダ、塩、チョコチップです。

　砂糖はザラメで、S家ではラードは使わず、バターだけで作ります。

　どこのアーミッシュ家庭も、クッキーを大量に作る時にはバターとラードを併用するので、バターだけのクッキーはかなり高品質になります。

　ただ、中に混ぜ込むチョコチップの量が半端ではなく、結局甘すぎて日本人の口には合いません。

　数個ずつもらって帰ったこれらのお菓子を、インターナショナルハウスに帰ってみんなに振る舞ったら、クラッカーのチョコレートがけを食べた

アメリカ人のメレッサが、「今までたくさんのチョコレートがけを食べてきたけど、こんなに美味しいものは食べたことがない〜!!!」と絶賛しました。

そう聞いて、私も 1 片を試食してみましたが、やはり甘すぎて、それ以上食べる気にはなりませんでした。

日本人とアメリカ人の、甘さに対する味感の差を、つくづく思い知らされました。

以前、日本のレシピで作ったマドレーヌを、アメリカ人が、殆ど誰も喜んでくれなかったのは当然でした。

私はそれ以来、アメリカ人に食べてもらうお菓子は、通常の 1.5 〜 2 倍の砂糖を入れて作っています。みんな美味しいと喜んで食べてくれます。

## 13) 夫婦でニューヨークへ

S 夫妻が、生まれて初めてニューヨークへ行きました。

教会でバスを貸切っての、視察旅行です。

ニューヨークに行ったと聞いた時、私は驚きのあまり、

「えっ! 何しに行ったの? 夫婦だけで?」大きな声を出してしまいました。

私の声の調子が、多分詰問めいていたのでしょう。

目を輝かせて、ニューヨークの話を始めたご夫妻は、私の質問にたじろぎ、少し後ろめたそうに、「教会のミッションで…」

「みんなで行くことになったので…」と答えられました。

夫妻の様子を見て、自分が愚問を発したことに気が付きました。

私は、旅行の目的など尋ねず、

「それは良かったわね! それで初めてのニューヨークはどうだった?」と、話の続きを促すべきだったのです。

アーミッシュにも、たまには、子供を置いて夫婦で観光旅行をするぐらいの楽しみはあっていいはずです。

夫婦でニューヨークへ行ったことを、後ろめたく思う必要は全くないのに、私は、Ｓ夫妻に一瞬でもそんな思いをさせてしまいました。

　考えが足りなかったと反省しつつ、気を取り直して別の質問をしました。
「家族で外食をすることはある？」
「家族全員で外食をしたことは今まで一度もないわ。でも、外には出かけないけど、ピザのデリバリーを頼んで、うちで夕食に食べることはたまにあるわ」
「それは子供たちが喜ぶわね」
「外食は、夫婦だけで出かけた時に、レストランに入ることがあるわ」
「わ～、それはいいわ！　たまには夫婦だけで過ごすべきよ」
「子供がいないと、ゆっくり食事ができて、リラックスするわ」
「そうよ！　そうよ！」
　Ｓ夫人に笑顔が戻りホッとしました。

## 14）アメリカナイズされたＳファミリー

　Ｓ家は、典型的なオールドオーダーアーミッシュですが、他のアーミッシュ家族には見られない、モダンな面があります。

　たとえば、Ｓ家のリビングには、マントルピースがあります。薪を燃やす暖炉です。

　私が、薪はどこから調達するのか聞いたら、父親が恥ずかしそうに、
「これは飾りで、本物のマントルピースではない」と言います。

　確かに煙突はなく、作り物の薪が置いてあるだけでした。

　一人娘の長女は、15歳の頃から歯の矯正器具をつけています。

　アーミッシュが歯の矯正器具を付けているのは、滅多に見ない光景です。

　Ｓ家の子供が通うアーミッシュ学校は、メノナイトと共学なので、多分、歯の矯正をしているメノナイトの生徒がいたのでしょう。

　Ｓ家には、大きな組み立て式のプールがあります。

　道路からは見えないように、家から結構離れた裏の畑の中に設置してあ

ります。

　この夏は暑かったので、家族全員で何回もプールに入ったと、Ｓ夫人が話してくれました。敷地の中に池や小さな湖沼を持つ家はありますが、プールがあるアーミッシュの家は、非常に珍しい存在です。

　アーミッシュは、裸足が大好きです。
　特に子供たちは、どこででも靴を脱ぎたがります。
　Ｓ家では、母親であるＳ夫人の意向で、裸足になれるのは５月１日からと決まっているそうです。
　何事も子供の意志に任せ、裸足になりたければ真冬でもなればいい、と鷹揚なアーミッシュの母親たちが多い中、明確な決まりを作るＳ家の両親は、かなりアメリカナイズされている気がします。

　Ｓ家の三男（10歳）は、野球が好きで、フィラデルフィアの野球チーム、フィリーズのファンです。フィリーズの赤いＴシャツも持っています。
　アーミッシュの学校では、どの学校でも、休み時間に全員参加でソフトボールをするので、野球が好きなのは納得できます。
　でも、どうやってフィリーズの存在を知ったのでしょう？
　クラスメートのメノナイトの生徒から情報を得たのでしょうか。
　ひょっとしたら、たまには、どこかのテレビでフィリーズの試合中継を観ているのかもしれません。
　これからＳ家の子供たちがどのように変わっていくのか、興味津々です。

## 2. アンナにまつわる話

### 1）パットとアンナ宅を初訪問
　2018年6月某日、パットの車に乗せてもらって、初めてアンナの家を訪問しました。
　アンナは、午前中、往復2マイル（3.2キロ）裸足で歩いて、近所の家の手伝いに行ったそうで、見るからにパワフルで生命力に溢れた、大柄な

アーミッシュ女性でした。

　ペンキ塗りの手伝いをしたのか、着古した洋服にはあちこちペンキのシミが付き、手の甲にも黒いペンキが付いていました。


　アンナの家は、玄関を入ると四畳半ぐらいの空間があり、その横に、20畳位のキッチン兼リビングルームがあります。

　そこが生活の拠点です。

　リビングルームの隣に、2階に通じる階段部屋と、アンナがキルトを並べている小さな部屋があり、どちらも6畳ぐらいの広さです。

　リビングと階段部屋を仕切る壁側には、薪ストーブが据え付けてあります。

　ストーブ脇の階段を下りると小さな地下室があり、1年分の瓶詰めした保存食が備蓄してあります。

　ストーブの上は、鉄製のアイロンとやかん置き場になっています。

　家の中に入って窓を見ると、目の前に一幅の絵のようなアーミッシュファームの風景が広がりました。その美しさに、パットと私は思わず感嘆の声を上げました。

　大きなダイニングテーブルが部屋の真ん中に鎮座していて、冷蔵庫は壁側、横の小窓から裏の畑が見渡せました。

　システムキッチンの横に、アンナが寝ころべる長さのソファがあり、奥

の窓側にはミシンが置いてあります。この部屋で、アンナはほぼ終日過ごすようです。

ソファの前に椅子が3、4脚置いてあり、パットと私はその椅子に座りました。

椅子の周りには、バッテリーで点灯させる箱型の電気スタンドや、マガジンラック、小さなテーブルなどが据えてあり、どこも物だらけ、アンナは片付けが得意ではないようです。


自己紹介がすむと、パットと私は、すぐにキルトが並べてある部屋に案内されました。

部屋の周囲と真ん中にテーブルが置かれていて、テーブルの上にキルトの商品が山と積まれていました。

アンナが、値段の説明をします。

新聞を見て私に返事をくれたのは、このため？　私にキルトを売りたかったのね?!

私の目的「一緒に家事をしてアーミッシュの日常生活を観察する」ことが、アンナ宅では到底叶えられないことは、リビングルームの様子から一目瞭然でした。

まあいいか、折角来たんだし。

パットと私は、並べてある商品の中から、役に立ちそうな鍋つかみ数枚と、パッチワークのエプロンを買って、お金を払いました。

私たちが品物選びをしている間に、アンナが庭からミントの葉を摘んできて、ミントティーを作ってくれました。

淹れたての、金色のそのお茶の美味しかったこと！

お茶を飲みながら、パットとアンナが話をしているとき、床にアーミッシュ新聞が積み上げてあったので、1部を手に取りました。

すかさずアンナが「50セント」と、私に声をかけました。

1週間前の新聞です。値段は＄48.00　Per Year と印刷してあります。

週刊新聞なので、1部1ドルになる計算でしょうか。

私は、その古い新聞を買うことにして50セント渡しました。

パットとアンナの話はまだ続きそうなので、私は、飲み終わったカップを洗おう、とシンクの前に行きました。

　アーミッシュが、バケツに水を汲んできて、食器を洗っていたのは昔の話です。

　今は、シンクの前に２つの水栓があり、レバーを回せばお湯も水も出ます。

　私は、水栓をひねり、水を出しながらカップを洗い始めました。

　その様子を見たアンナが、大声で「ノー！」と叫びました。

　そして、跳んできて水を止めました。

　水は貴重で、出しすぎるとモーターが過度に働いて、バッテリーが減るのだそうです。


　家事を手伝いたくても、やれることがないので、お暇することにしました。

　"買うものは買ったし、もう来ることはないな"と思いながら帰ろうとすると、

　アンナが「今度はいつ来る？」としつこく聞きます。

　パットと私は顔を見合わせました。

　パットが、「マリコ、また来たいか？」とアンナの前で聞きます。

　英語が解らないふりをするわけにもいかず、ノーとも言えず、「イエス」と答えました。

　アンナは、カレンダーを壁から外してきて、パットに「いつ来る？」と聞きます。

　パットが言い淀むと、「７月のこの日はどうだ？」と迫ります。

　仕方なく、パットは手帳を出してスケジュールを確かめ、７月某日に２回目の訪問をする約束をしました。

　私は、パット次第なので、いつに決まろうと異議は唱えません。

　アーミッシュを訪問する日は、授業を休みにするだけです。

## 2）家の中にキルトのお店

アーミッシュやメノナイトの婦人たちには、キルトが得意な人が多く、キング夫人は、時間があるとチャリティに出品するキルト作りをしています。

イッシュ家のヘンリーの母親は、プロのキルターで、ベッドカバーのような大作を製作して売っています。

アンナも、キルト作りに勤しみ、リビング脇の小さな部屋に、本人の作品だけではなく、他のアーミッシュ婦人が製作したキルトの商品も山積にして、口コミで訪れるアメリカ人に売っています。

アンナの家は、ランカスター郡の中で、観光客はおろかアメリカ人も滅多に通らない辺鄙な場所にあります。

道脇にアンナの店の案内板はなく、家の前に看板も出していないので、アンナの家の中にキルト売り場があるなんて、誰も想像できません。

どのようにして商品を売るのでしょうか？　前述したように口コミです。

訪れたアメリカ人から彼女の知り合いを連れてきてもらい、その知り合いから次のお客を紹介してもらう手法です。

キルトを自宅で売るアーミッシュの家は、ランカスターの、もっと便利な場所にいっぱいあるので、アンナの家を訪れるアメリカ人はそんなにいないはずです。

パットと私がいつ訪問しても、同じ商品が、前と同じ形で並んでいて売れた形跡がないので、お客は殆どいないのではないかと思われます。

正直、アンナの店にある商品は、どれも作りが雑で、実用品の鍋敷き以外に買いたいと思う品物がありません。

パットと私は、アンナ宅を訪問するたびに、「友達を連れて来て！」とお願いされます。私もアンナのために、友人知人に声をかけるのですが、みんなアンナの家が遠すぎて二の足を踏みます。

それに、私が、アンナの店から毎回鍋敷きを買ってきては皆に配りまくるので、それで十分足りているそうなのです。

### 3) アンナ宅2度目の訪問

パットがアンナと約束した7月某日、再度アンナ宅を訪ねました。

アンナは、折り畳みのパイプ椅子2脚と、農具のようなものを抱えて、玄関前に立っていました。

パットに、「近所のアーミッシュの家まで車に乗せて」と言います。

「歩いていくつもりだったけど、パットが今日来るので、頼もうと思った」そうです。

農具は結構重く、パイプ椅子を二つも抱えて歩けるわけがありません。

私とパットは車を降り、アンナがトランクに荷物を積み込むのを手伝いました。

アンナの家から一番近い近所の家は、車で2マイルぐらい走ったところにありました。

初めてアンナの家を訪問したときに、午前中裸足で2マイル歩いた、と言っていましたが、多分、畑を突っ切ってこのお宅へ往復したのでしょう。

その近所の家は、新築したばかりだそうで、アーミッシュの家には見えない、別荘地にあるようなおしゃれな外観の家でした。

庭の一角に、ブランコや、滑り台、砂場、プラスチックのテーブルとチェアーなど、カラフルな子供のための遊具が設置されています。

家も遊具も、木立に隠れて道路からは見えないにしても、チャーチサービスで集まったアーミッシュには見られてしまうでしょう。大丈夫なのでしょうか？

アンナも、「ファンシーな家で…」と言っていました。

パイプ椅子と農具は、なんでもお金に替えるアンナのこと、売りに行ったのでしょう。

アンナの家に戻ると、すぐにお手製のグレープジュースを出してくれました。

そして、瓶詰めの野菜スープをパットと私に1個ずつくれました。

さらに、今朝収穫したというインゲン豆をパットに渡しました。

　これは荷物を運んでもらったお礼のつもりでしょう。

　私は、折角アーミッシュの家に来たので、パットの協力を得て、アンナに質問をしました。

　アーミッシュの結婚式のこと、女性の髪のこと、お産のこと、「殉教者の鏡」の本の事などなど。アンナは真摯に答えてくれましたが、アンナの英語はわかりにくく、パットが易しく言い直してくれても、よく解りませんでした。

　私のための、スローペースな会話を終えたパットとアンナが、機関銃のように話を始めました。

　私は、マガジンラックの中に入っていた古ぼけたわら半紙の本を手に取りました。

　パラパラとページをめくると、すぐにアンナの声が飛んできました。「7ドル！」。定価＄9.45と印刷されています。

　ガレージセールなら、25セントで買えるような本です。

　私が、躊躇していると、「とても良い本だよ！」とアンナが言います。

　私は、7ドル払ってその本を買いました。

　本の表紙の裏に、アンナの誕生日に贈る、と記してありました。

　昔々、アンナが誕生日にもらった本だったようです。

　その本「Grace Enough」は、ランカスターに住んでいるメノナイト夫婦の実話で、馴染みのある地名が次々現れ、興味深い読み物ではありました。

　何度も読み返す本ではないので、読み終えた後、この本を読んだことがないというキング夫人に進呈しました。

　2度目に会ったアンナは、可愛げがあり、私はアンナが好きになりました。

　パットもすっかり打ち解けて、以後、毎月アンナ宅を訪ることに2人で決めました。

　インターナショナルハウスに戻って、ベネズエラ人のパトリシアと分け合って、アンナの野菜スープを食べました。

やさしい自然の味で、非常に美味でした。

来月の訪問では、先ずアンナに野菜スープの作り方を習おう、と決めました。

翌月、アンナに教えてもらった野菜スープの作り方は、

40 ガロンをコンテナーで作る。2時間、外の竃（かまど）で煮る。

食材は、玉ねぎ、人参、セロリ、ジャガイモ、トマト、インゲン、ピーマン、など畑で穫れたもの。調味料は、味を見ながら適当に。トマトジュースを加える。

という、大雑把なものでした。

外の竃を見たら、傍に、衣装ケースのような、プラスチック製の四角いコンテナーが転がっていました。

パットは、もらった野菜スープを、容器の瓶が洗われていないのではないか？と危惧して食べずに捨てたそうです。

「えッ〜、勿体ない！　捨てる前に私に一言聞いてくれれば、喜んでもらいに行ったのに‼」私は、いまだに残念でなりません。

2019 年の夏はあまりの酷暑で、外の竃で2時間火を焚くのは無理なので、スープ作りは止めたそうです。


### 4）アンナに連れられアーミッシュ学校へ

2018 年 12 月某日、火曜日、パットと私は、アンナの案内でアーミッシュ学校を訪れました。

通常、アンナ宅を訪問する時は、水曜日か金曜日の午後1時に訪うのですが、この日は午前9時にアンナ宅へ行きました。

アンナ宅へ向かう道筋、いつもは、行きかう車がほとんどない道路で、多くのアーミッシュの馬車とすれ違いました。

訝しがるパットに、私の考えを説明しました。

収穫が終わった 11 月は、アーミッシュの結婚シーズンです。

結婚式は、1週間のうちの比較的暇で、アーミッシュに都合のいい、火曜日と木曜日に挙行されます。

アーミッシュの人口は、増加の一途を辿っていて、結婚する若者の数が

増えました。

　アーミッシュの夫婦は、11 月に少なくても 3 〜 4 組、親戚が多いと 10 組以上の結婚式に出席します。1 日に 2 〜 3 組、掛け持ちで出席するのです。

　その結果、11 月だけでは賄いきれなくなったので、12 月にずれ込んでいるのです。

　パットが、アンナに私の見解を確認したら、その通りだと言っていました。

　ちなみに、近年は、農作業ができない厳寒期の 1 月や 2 月にも結婚式が挙行されるようになりました。


　アーミッシュ学校訪問は、午前 9 時半に設定されていて、私たちは時間ぴったりに教室へ入りました。

　生徒は、合計で 33 名だそうで、3 分の 2 は男子です。

　教室の壁に、学年ごとに、生徒の名前を書いた紙が貼ってあって、Kauffman という苗字が多く、数えたら 6 名いました。

　生徒は、全員、近隣のオールドオーダーアーミッシュの子供で、アンナは、全員の家族を知っていました。

　Kauffman 苗字の生徒 6 人は、兄弟姉妹だそうです。


　しばらくすると、生徒たちが席をたって前の方に出て行き、黒板の前に並びました。

　今日は、欠席の子が多いのか、33 名よりかなり少ない気がしました。

　先生の合図で、生徒たちが歌い出しました。

　アーミッシュ学校では、どこの学校でも、お客さんが来ると歌で歓迎します。

　学校によって選曲が違いますが、先ず先生が歌い出して生徒が続く点と、結構長く、何曲も歌うところは同じです。

　楽器は何もなく、斉唱です。

　前に並んだ子供たちのかわいい姿に見とれ、歌声に聴き入っていると、

途中から掛け合いの歌になりました。

　黒板の前にいる生徒たちの歌声にしては、大人びている気がしました。

　えっ、どこから聴こえるんだろう？？

　黒板の壁の後ろに小さなスペースがあって、７年生と８年生が隠れていて、掛け合っていたのでした。

　そこから、彼らが前に出てきてメンバーに加わり、全員で二部合唱、三部合唱が始まりました。素晴らしい歌声でした。

　生徒たちは、最後の歌を歌いながら１人ずつ席に戻り、全員着席したところで、歓迎の歌は終わりました。


　生徒の席の配置は、学校によって違いますが、ここでは、前の席から横並びに１年生、２年生と続き、最後列に７、８年生が座っていました。

　33人の生徒に先生は１人です。

　実は、この日、担任の先生は結婚式出席のため不在で、臨時の先生が１人で代役を務めているとのことでした。

　普段は、アシスタントの先生もいて、２人で教えているそうです。


　授業は、学年別に前に出て、先生の質問に答える形です。

　他の生徒たちは、自習です。

　質問がある子供は黙って手を挙げますが、先生はなかなか来てくれません。

　後ろの席では、高学年の女生徒が、１年生の女生徒に小さな声で本を読んであげていました。姉妹かもしれません。

　教室の中を時々、２年生ぐらいの女の子が、ごみ箱を抱えて巡回します。

　ウサギのぬいぐるみが席から席に手渡されて、トイレに行きたい生徒はぬいぐるみを持って外のトイレに行き、戻ったら、そのぬいぐるみを次の生徒に廻します。

　感心なことに、誰もおしゃべりをしません。

　トイレに行く子も、ごみ箱を抱えている子も、手を挙げている子も、みんな無言です。

　パットは小学校のカウンセラーだったので、いろいろ気が付くことがあるらしく、私にしゃべりかけます。

　その都度、アンナが口に指を当てて、パットに「シー！」と言います。

　生徒たちは、どの子も本当にかわいらしく、人形のようです。

　パットが、また感想を口にします。アンナが「シー!!」と言います。

　パットが懲りずに、また何か言います。

　アンナが、また「シー!!!」とパットをにらみます。

　私は2人の間に座って、磊落なアメリカ人と、真面目なアーミッシュを実感していました。

　10時になり、休み時間になりました。

　みんな、ランチボックスからお菓子を出して食べ始めました。

　数人の生徒は外へ出ていきます。

　小さい女の子たちが、私たちのそばに寄ってきて話しかけてきました。

　私は聞き取れないので、パットが相手をしてくれます。

　アンナが、私が折り紙を教える用意をしていることを、先生に伝えに行きました。

　臨時の先生なので、私の申し出を勝手に受けていいものか、躊躇されたらしいのですが、ベテランの先生なので、一存でランチ前の時間を折り紙レッスンに充てて下さいました。


　先生が鐘を鳴らし、休み時間が終わりました。生徒たちは急いで席に着きます。

　先生が前で授業をしている間、他の生徒たちはドリルに取り組んでいます。

　生徒たちが、ランチボックスを開けてアルミ箔の包みを取り出し、順番に前のストーブの上に置きに行きました。ランチを温めるためです。

　授業が終わったのか、先生が私を見て頷かれました。折り紙の時間になった合図です。

　小さい子供が多いので、先ずは「犬」から教えることにしました。

パットが前に来て、私の英語の説明を、正しい発音で繰り返してくれます。

犬の次は、「カブト」です。

私が、折り紙で折らせた後、新聞紙で大きな兜を折り、頭に被って見せたらみんな大喜びです。

新聞紙を配って、みんなにも兜を折ってもらいました。

出来上がった兜を頭に被り、そのまま過ごす生徒たちもいました。

丁度ランチの時間になったので、お別れの挨拶をして学校をあとにしました。


## 5）アンナの家で昼食

アーミッシュ学校の参観を終えた後、パットと私は、アンナの家でランチをご馳走になりました。

アンナの家で食事をするのは初めてです。

いつもは、午後1時に訪問するのでお茶を飲むだけです。

アンナの家は、いつも雑然としています。

この日も、食卓の上に雑多なものが積み上げてありました。

パットと私は、食卓の左端の方に並んで座りました。

目の前に食品の山があり、その一番下に食パンの袋があって、中の食パンにびっしり青カビが生えているのが見えました。

パットと私は思わず顔を見合わせ、口を閉じました。


アンナは、チキンスープと、アップルソース、カモミール茶をご馳走してくれました。

アンナが、チキンスープを小鉢に注いで、私たちの前に置きました。

私がスプーンを手にすると、パットも観念した様子でスプーンを手に取り、チキンスープを食べ始めました。

チキンスープはとても美味しく、パットと私は、無言で、粛々とアンナの心尽しのランチを完食しました。

## 6) アンナの村のよろず屋

　ある日、いつものようにパットと午後 1 時にアンナ宅へ行くと、アンナがお出かけの格好をして玄関前に立っていました。

　パットが車を止めると、すぐに後ろの席に乗り込んで来ました。

　パットもアンナも、すごい早口で機関銃のようにしゃべるので、私は 2 人の会話が聞き取れません。

　ショッピングに行くのだということは分かりました。


　アンナが後の席から、左に曲がれだの、まっすぐ行けだの指図します。

　田舎道をしばらく走って、道が交差するところへ来たら、角に 1 軒、古ぼけた商店がありました。

　アンナが、普段買い物に訪れる店だそうです。

　パットと私も、一緒にお店の中に入りました。

　アーミッシュ御用達のよろず商店には何回も行ったので、中の様子はわかります。

　アンナ行きつけのお店も、規模は小さいものの、アーミッシュに必要な商品はちゃんと揃っていました。

　大びんのピーナツバター、小麦粉が詰ったビニール袋、5、6Kg は入っていそうです。

　砂糖、ポップコーン、ナッツにチョコチップ、全部大袋です。

　値段も安く、これならパイもクッキーもアーミッシュは大量に作れるはずです。

　ただ、野菜や果物は品数が少なく、見るからに古そうでした。

　アーミッシュは、自家栽培するので、野菜や果物は売れないのでしょう。

　アンナはここぞとばかり、トイレットペーパーから食料品まで、大量に買い込んで車に積み込みました。


　アンナは、50 年以上、今の場所に住んでいます。

　アンナの村は、辺鄙な田舎にあり、アンナが馬車に乗って行けるお店はこのよろず屋以外にはありません。

アンナは、ランカスターの町にも、まだ生まれて一度も行ったことがないそうです。

アンナは50年以上、殆どこのよろず屋だけに通って、必要なものを賄い、この店で買えるものに満足して、人生を過ごして来たのです。

この店に置いていない品物は、結婚式や葬式などの特別な機会に村の外に出かけない限り、見たことも口にしたこともなく、ひょっとしたら、そんなものがこの世にあることさえ、知らないかもしれません。

アンナは、私がお土産に持って行ったアボカドもマンゴーも知りませんでした。


## 7）アンナの電話

私は、アンナと連絡を取る時は手紙を書きます。アンナからも大抵手紙で返事がきます。

急を要する時は、私が、先ずパットとメールで連絡を取り、パットにアンナと電話で話をしてもらいます。


ある時、日本からアーミッシュについての協力を依頼されました。

某教授がアーミッシュにインタビューがしたいので、知り合いのアーミッシュを紹介して欲しいとの依頼です。

教授には運転手が同行しているので、パットがかかわる必要はありません。

アンナとは手紙でやり取りをしました。

訪問約束の前日、教授が急病になり訪問ができなくなりました。

アンナに至急知らせる必要があります。

手紙では間に合わないので電話を掛けました。

アンナ宅の電話は、30メートルくらい離れた小屋の中に設置してあるので、直接話は出来ません。留守番電話にメッセージを残すことになります。

ちゃんと留守電を聴いてくれたか心配だったので、私は、アンナ宅に時間をずらして3回電話を掛け、同じメッセージを残しました。

　3 回電話したことで安心していたら、当日、アンナから電話が掛かってきました。

　強い口調で「なぜ来ない、待っているのに！」と言います。

　アンナは、私のメッセージを 3 回聴いたけれど、何を言っているのか、私の英語が全く解らなかったそうです。私も、電話で話をしながら、訛りの強いアンナの英語が殆ど聴き取れません。

　その日以来、お互い電話をかけるのは完全に止めて、電話はパットに任せることにしました。

## 8) アンナの家のチャーチサービス

　アーミッシュは、2 週間毎に教会員の家でチャーチサービス（礼拝）を行います。

　全家庭の持ち回りで、1 年に 2 回か、2 年で 3 回ぐらいの割合で順番が回ってきます。

　どこの教会も、子供を含めて 200 人近くが出席するため、家の中では対応できず小屋の中や地下室が礼拝の会場になります。

　アンナの家は、現在は貸家にしている母屋と、自分たちが暮らすグランパハウスの境界に、家具が全くない、30 畳ぐらいのがらんとした部屋があって、そこが礼拝所になります。

　アンナ宅の地域では、教会区が 32 〜 36 家族で構成されているそうです。

　アーミッシュの居住地では、通常、1 つの教会に 25 〜 30 の家族が所属します。

　アンナの住む地域は、農業のみを生業にしているアーミッシュが多いため、農地が広く、教会区が広範囲すぎるので、分割しようとしても戸数が足りずに、結果、全部のアーミッシュ家族が、1 つの教会に所属せざるを得ないのです。

　アンナ宅のチャーチサービスには、毎回 50 〜 70 人が出席するそうです。

　家族数 32 〜 36 にしては、出席者の数が少なすぎます。

アンナに連れられてアーミッシュ学校を訪問したとき、生徒数は 33 人でした。

　アンナ宅の近辺には、学齢期の子供たちだけでも 33 人はいて、その両親、祖父母、兄弟姉妹が存在しているということです。

　教会区の全家族がチャーチサービスに出席したら、少なくとも 150 人ぐらいにはなるはずです。

　アンナ宅がチャーチサービスの当番になった時、出席者が少ないのはなぜ？

　アーミッシュは、自分が所属する教区の礼拝を欠席する場合、教会に連絡をする義務はありません。

　他の教区の礼拝に参加したかったら、いつでもどこの教会にも、届け出さえすれば参加できます。

　出席者が少ないのは、アンナ宅から遠距離に住む教会員が、むしろ距離的に近い他教会に出かけて行くからでしょうか？

　アンナ宅の教会区は、アーミッシュの中でも非常に保守的なので、ひょっとしたら、若い家族は、規則の緩い他の教会区に転居していて、現在残って住んでいるのは、アンナ夫妻のような老齢の夫婦か、結婚せず配偶者や子供がいない独身者が多いからかもしれません。

　私は、最初、出席者が少ないのは、チャーチサービス時のアンナのおもてなしが貧弱だからかも、と穿った見方をしていたのですが、どこの教会区でも基本的な食事は担当を決めて持ち寄るので、アンナ宅の食事が殊更貧しいわけではありません。

　でも、基本の持ち寄り料理に加え、いつも自己負担で大盤振る舞いをするルース宅のチャーチサービスには、毎回、他の教会区から何人も人が集まるので、私の推察がまんざら的外れでもないような気もします。

## 9）スイーツが食べられなくなったアンナ

　アンナは、私同様、甘いものが大好きな女性でした。

　それで、アンナ宅を訪問する時は、いつもカステラやケーキ、マドレーヌなどを手作りして、他のお土産と一緒に持参していました。

　ある日、パットが好きなおはぎを作り、アンナ宅にも持参したら、甘いものを食べると足が痛くなるので食べられない、と言います。

　スカートを上げて見せてくれたふくらはぎは、腫れて、どす黒くなっていて痛そうでした。糖尿病かもしれません。

　それからは、お土産にお菓子は止めて、調理した肉や野菜、卵などを持参するようにしました。

　先日、今年最後になる訪問で、手紙のやり取りをしたところ、
「甘いものが食べられるようになった」と書いてあります。
「今回はスイーツを持ってきてね」とのメッセージでしょう。

　私は、ファーマーズマーケットで見つけた日本の柿をお土産に用意していたのですが、急遽、スーパーで缶入りのクッキーを買い足して持参しました。
「おお、クッキーを持ってきてくれたのね！」アンナは喜びましたが、私は再発しないか心配です。


## 10）ベジタブルスープとシルヴィアのボンネット

　前回、訪問したときに、アンナから、孫娘が11月に結婚式を挙げることになったのでアンナはこれから忙しくなる、と聞かされていました。

　パットには、英国から友人夫婦が遊びに来てしばらくパットの家に滞在する予定があり、前後して、息子一家がオレゴンから帰省するので、パットも、クリスマスまで忙しい日々が続きます。

　私の方も、イッシュ家やキング家、アーミッシュ学校の訪問が、毎週予定されていたので、アンナ宅を訪問する余裕がありません。

　そんな次第で、アンナに連絡をするのを怠っていました。


　それまで、毎月手紙のやり取りをして、最低でも月に1度は訪問していたのに、2か月以上、音信不通状態になって、アンナの方が焦ったのでしょう。

パットに、何回も電話をかけて来ました。

　朝の7時前なので、まだ寝ているパットは、受話器を取らず、メッセージだけ聞いていたそうです。

　パットが、私にメールで事の次第を知らせてきます。

　しかしながら、パットも私も予定があるので、いつ訪問できるか返事ができません。

　パットが返信をしないので、しびれを切らしたのでしょう。

　とうとう私に電話がかかってきました。

　アンナが早口でまくし立てる英語を、私は、全く聴き取れません。

　私がそう言うと、兎に角「家に来い、カム、カム、カム」と連呼します。

　さすがに、カム、カムは解るので、すぐに手紙を書き、パットは来客中で、今すぐには行けないこと、私はタクシー代が高すぎるので、パットに乗せてもらわないと行けないことを説明しました。


　アンナから「来られるようになったら、絶対また来てね！」という返事を受け取ってすぐ、パットから連絡があり、来客が帰国したので来週だったら行けるとのこと。

　再度アンナに手紙を書き、12月のある日、いつものようにパットと訪問しました。

　アンナは、大喜びで私たちを家に招き入れ、私たちが椅子に座るのも待ちきれない様子で、私に、キャニングしたベジタブルスープとクリスマスカードを手渡してくれました。

　パットにも同じものが用意してありました。

　アンナは、これを渡したかったから、パットと私に、何度も電話をくれたのでしょう！

　そのベジタブルスープは、以前もらって帰ったらとても美味しくて、作り方を聞いたスープでした。

　アンナは、私が喜ぶと思って用意してくれたのです。

　パットも私も、アンナが私たちに贈り物を用意しているなんて、夢にも思わなかったので、パットはいつもながら手ぶら、私は、スーパーで買っ

た缶入りクッキーと、マーケットで見つけた日本の柿を、紙袋に入れてお土産に渡しました。

　あとで、せめてクッキーはちゃんと可愛く包装して、クリスマスカードを添えてあげればよかった、と後悔しました。


　実は、パットと私には、アンナ宅訪問を躊躇する理由があり、連絡を積極的に取ることを避けていたのです。

　前回訪問したとき、前庭にガラクタが捨ててありました。

　パットが、玄関に入る前に箱の１つを覗き込んだら、
「好きなものがあったら何でも持って行っていいよ」とアンナから声が掛かりました。

　パットも私も、アンナが家の掃除をして、不用品をまとめて外に出したのだと思いました。私は、キルトを買うつもりだったので、箱の中は覗きもせず、パットは、箱に入りきれずに横に置いてあった、薄汚れたラベンダーのリースを手に取り、花が可愛いのでもらうことにしました。


　その日は、珍しく、家の中に３歳ぐらいの小さな女の子がいました。

　隣家の子供で、アンナは、ベビーシッターを請け負ったとのことです。

　すぐに姉と兄もやって来ました。５歳と７歳ぐらいです。

　子どもたちの母親は、赤ちゃんを連れて、どこかへ出かけたのだそうです。

　パットは、小学校でカウンセラーの仕事をしていたので、小さな子供の扱いに慣れています。

　子どもたちも、すぐにパットに懐き、一緒に歌の本を開いて、讃美歌や童謡を歌い始めました。

　アンナは、傍らで、せっせとキルトのふちかがりをしています。

　針を動かしながら、時々、パットや子供たちと一緒に歌います。

　パットが、アンナに代わってベビーシッターをしている感じでした。


　訪問を終えて、車に向かう途中、私は、来るときにはよく見なかったガ

ラクタの箱を覗いてみました。

　リンゴがいっぱい付いた、大きめの籐のリースが目に留まりました。

　もらっても、どうせ日本には持ち帰れないし、これからバスに乗るのに邪魔になります。

「要らないわ」と思いながら箱に戻すと、すかさずアンナの声が飛んできました。

「5ドル！」

「5ドルでいいから持って行きな！」　えっ〜、タダじゃなかったの?!

　びっくり仰天です。

「日本に持って帰れないから、いいわ、でもありがとう！」


　車に乗り込むなり、パットに、

「やっぱり、タダではなかったわね。パットも5ドル払ったの？」と聞いたら、

「私は、20ドル請求された」とのこと。

「ええっ〜!!　20ドルも払ったの?!　新品が買えるじゃない!!」

「でも、要らないと言えなかった」憮然とした表情のパット。

　パットは、私が席を外している間に、無料だからもらったつもりのリースに、20ドルも払っていたのです。

「パットは、今日はベビーシッターもしてあげたのにひどい！」

「子供は好きだから、それはいいんだけど。でも、今日は、お茶も出なかったわよね」

「もうアンナ宅を訪問するのは止めようか」

　しばらくアンナと音信不通にしていたのは、3人とも忙しかったのに加え、このような理由があったからでした。


　アンナは、お金に換えられるものは何でも売りたがります。

　今回、私はアンナの店で、中古のボンネットを見つけました。

　アーミッシュの女性が、外出時に被る黒いボンネットです。

　アンナの名まえと住所を記した白い布片が貼ってあったので、アンナが、

新しいボンネットを入手したので売ることにしたのでしょう。

　でも、こんな中古品を一体誰が買う？？

　取り敢えず、そのボンネットを被って、パットとアンナに見せに行ったら、パットが、

「マリコには大きすぎる。止めた方がいい」と言います。

　アンナも「確かに大きいね」といいながら、奥に入って他のボンネットを出してきました。

「これなら小さいからマリコにちょうどいいと思う」

　被ってみたら、ぴったりでした。

　アンナの店では、もう他に買うものがないので、そのボンネットとクリスマス柄の鍋敷きを4枚購入しました。


　アンナの家は、薄暗いので、黒いボンネットの汚れには気が付きませんでした。

　家に帰って、明るい電灯の下でよく見てみたら、ところどころに汚れがあります。

　それも不自然な汚れ具合です。

　裏に亡くなったアンナの娘の名前が書いてありました。

　アンナの次女シルヴィアは、42歳の時に事故で亡くなりました。

　私は、そのボンネットは、シルヴィアが事故に遭った際に被っていたも

のではないかと疑っています。

　そうではないにしても、母親が大事な娘の形見の品を売るかしら？？

　後日、キング夫人バーバラに、アーミッシュの遺品の処分について尋ねたら、アーミッシュには形見分けなどの風習はないそうです。

　故人の思い出は胸の中にしっかり納めるので、目に見える形は不要とのことでした。

　神に召されたアーミッシュは、現世の死と引替えに、天国で永遠の命を授かります。

　天国では、二度と死ぬことはなく、全ての苦しみ悲しみから解放されて、毎日平和に幸福に暮らせるのだと、アーミッシュは心の底から信じています。

　アーミッシュは死者を埋葬した後、墓参りをすることはありません。

　墓地は、単なる亡骸を葬る場であって、故人は天国にいるのです。

　アーミッシュの墓地は、15 ～ 16 の教会区で共有しています。

　墓石の大きさは、赤子や幼児のものは小さめですが、あとはほぼ同じです。

　どこの墓地も、普段人影は全くないのに、いつもきれいに整備されています。

　共同墓地には掃除当番の制度があり、全教会区の全家族が1軒ずつ交代

で、毎週、墓地の芝生を刈り、草取りをするのだそうです。

　4～5年に一回、当番が回って来るそうです。


　アンナももう74歳。アンナが、終活を考えたとしたら、シルヴィアのボンネットは、アーミッシュを愛する私に譲ってあげてもいいか、と思ったのかもしれません。

　私にスープとクリスマスカードをくれた時の、アンナの嬉しそうな顔を思い出すと、いじらしくて、涙が出そうになります。

### 11）アンナ宅最後の訪問

　2020年2月下旬、いつものようにパットと待ち合わせをして、アンナ宅を訪問しました。

　帰国することを決めたので、アンナ宅へは、これが私の最後の訪問になります。


　日本では、コロナウイルスの感染が連日のニュースになっていましたが、この時点では、アメリカでは人々の関心は100％民主党候補の選挙に向けられていて、コロナのニュースは小さく他人事のように報じられるだけでした。


　私は常々、アンナ宅を最後に訪問する時には、何か記念になるものを持参したいと思っていました。

　私のアパートの一階は商店街になっていて、その中にポーセリンのショップがあります。通りすがりに中を覗くと、子供を交えた家族や、若い女性たちが、素焼きのカップやお皿を手に持って、絵筆で色を塗っているのが見えます。

　子供でも出来るのなら、私にも出来るはず、アンナにマグカップを贈ることにしました。

　アーミッシュの本にあったイラストをお手本にして、アーミッシュの老夫婦の絵をマグカップの前面に描きました。

裏側には、日本語で"ありがとう"、To Anna From Mariko と書き込みました。

　下地は塗らなかったので、白磁にシンプルな絵柄です。


　アパートでパッチワークをすることはもうないので、アメリカで買い込んだキルト用の布と綿も一緒に渡しました。

　アンナは、マグカップよりもこちらの方が嬉しそうでした。

　アンナの家は、いつもより片付いていて、リビングの隅に大きなゴム製のバランスボールが置いてありました。

　誰かにもらったそうで、時々ボールに腹ばいになって運動をしているそうです。

　そういえば、アンナがいつもより痩せて見えます。

　私が、「痩せたんじゃない？」と聞いたら、アンナはスカートの裾を持ち上げてふくらはぎを見せ、嬉しそうに「病気が治ったの。きれいになったでしょう？」

　確かに、以前、甘いものが食べられない時に見せてくれた足は、腫れあがってどす黒い色をしていましたが、普通の状態に戻っています。

　私はアンナの病気が治って心から嬉しいと思いました。


　パットと私が、アンナのキルトショップを覗いて、最後の買い物をしている間に、アンナがハーブティーを淹れてくれました。

　一緒に、お皿に入れたブドウも出してくれました。

　テーブルの上に、今まで見たことがない、丸いベージュ色の粒々が入った瓶詰めが並んでいて、部屋に入った時から気になっていました。

　お茶を飲みながら、「あれは何？」私が聞いたら、アンナはお皿のブドウを指差して

「これだよ」

　ブドウは緑色をしています。

「えっー、ブドウなの？？」

　私が驚くと、アンナはテーブルの上から瓶詰めを2個取ってきて、パッ

トと私にそれぞれ手渡してくれました。

お金は請求しないのでプレゼントです。

パットも私も、珍しいブドウの瓶詰めに大喜びです。


私は拙い英語で、アンナにこれまでのお礼を言い、お別れの挨拶をしました。

パットが、私の帰国について説明し、私の英語をアンナが解るように言い直してくれました。

アンナは、私に日本から手紙を送ってくれるように言い、パットには、私が帰国したらパットの友人たちを連れて引き続き訪問するように、「必ず来てね！」と繰り返し念を押していました

パットも私も「Of course!（もちろん！）」即答です。

私は、もちろん手紙を書きますが、パットは果たしてアンナ宅を再訪するでしょうか？？


アンナは、私たちの帰り際に玄関の外まで一緒に出てきて、テラスの台の上に用意していたプラスチックの容器を、1個ずつくれました。

パットの車に乗り込んで容器を開けてみたら、中に緑色のブドウが入っていました。

私は日本に帰ったら、ブドウを見るたびにアンナのことを思い出すに違いありません。


## 12）アンナの手紙

2020年4月中旬、アンナから私のアパートに手紙が届きました。

アーミッシュ社会でも、コロナウイルス感染のニュースが広がり、アンナは私のことを心配して手紙をくれたのです。

アンナの地域では、感染者はなく、それでもアーミッシュ学校は閉鎖され、チャーチサービスも休止になったそうです。

アンナは、相変わらず家に居ますが、ご主人は近くのアーミッシュ農場の手伝いに毎日出かけているそうです。

コロナのお陰で帰国が延び延びになっている私に、アンナの家は安全だから遊びに来るようにと書いてありますが、まだ知事から外出禁止令は出たままです。

　何より私がコロナウイルスをアンナの家に持ち込む可能性が1%でもある限り、訪問はできません。

　アンナは、私がプレゼントしたマグカップを毎日使っているそうです。「I miss you !」と書いてあって、それが何より嬉しい言葉でした。


## 3. イッシュ家にまつわる話

### 1）初めてイッシュ家を訪問した日

　ヘンリーと知り合って、奥さんのルースから手紙をもらった時、私が翌月に訪問してもいい日が3日（3回）記してありました。私は、もちろん3日間とも訪問しました。

　初日は、土曜日で、午後3時に来てね、と書いてありました。

　イッシュ家の場所を地図で調べると、Lititz 行きのバスで終点まで行けば、そこから1マイル弱、歩いて行けそうです。バスを2台乗り換えて、終点まで行きました。

　バスから降りて歩き出すと、アーミッシュが住んでいる地域なのに、道路に馬車専用ラインがありません。

　路肩を歩いていると、車がすぐ脇をビュンビュン走っていきます。

　私は、危ないので、対向車が見える左ラインに移り、前から車が来ると路肩の端に退って車をやり過ごし、止まっては歩き歩いては止まる、を繰り返しながら歩を進めました。

　途中で、あとどのくらい遠いのか知りたくなりました。

　直ぐ先の道脇に大きな農家があります。

　敷地に入って行くと、長身の若いアーミッシュの父親と、3歳ぐらいの男の子が荷車に乗っていました。

　私は、イッシュ家の住所を示して、あと何分ぐらい歩くものか尋ねまし

た。

澄んだ目をした非常に素敵な男性でした。

彼が私に説明をしているとき、家の中から妻に違いない女性が出てきました。

てっきり、私に声をかけるために出てきてくれたものと思ったら、私を見ようともせず、花壇の前にしゃがんで草取りを始めました。見て見ぬふりです。

闖入者を警戒しているというより、自分の夫が、見知らぬ女としゃべっているのが心配でならない、という雰囲気でした。

私が来た道を戻ろうとしたら、彼が家の横を指さして、近道をするよう言ってくれました。

私は、彼女の背後を通りながら、サンキューと声を掛けましたが、彼女は最後まで顔を上げませんでした。

私の顔を見てくれたら、まったく心配には及ばないことが一目瞭然なのに。

もっと愛嬌がある奥さんだったら、彼にとってもどんなにいいだろうと思いました。


なんとかイッシュ宅のポストがある入り口に辿り着きました。

そこからは舗装のない幅の狭い道路です。

右手に牛、左手に山羊を見ながら進むと突当りにイッシュ家がありました。

前庭で、当時15歳のセーラが草取りをしていました。

照れているのか、私を見てもすぐには対応せず、雰囲気がさっきの奥さんに似ています。ハロー、と声を掛けたらやっとハーイと返してくれました。

家の中から、ルースが急いで出てきました。

ニコニコして、愛想のよい、いかにも肝っ玉母さんという感じの大柄な女性です。

ヘンリーは、痩せて小柄なので不思議な気がしました。

イッシュ家はどこもきれいで、アンナ宅とは大違いです。

　リビングはアンナ宅の倍以上あります。

　食卓とは違うテーブルに、パイが何個も並べてありました。

　翌日、嫁いだ娘の家がチャーチサービスの会場になるので、ルースがパイを28個焼いたのだそうです。

　食卓に乗っていたパイから切り分けて、一切れ、水と一緒に私の前に置いてくれました。

　ランカスター名物のシューフライパイです。

　モラシス（糖蜜）を使った甘い甘いパイで、日本人には甘すぎて敬遠したくなるかもしれません。

　シューフライパイの名前がどこからきたかというと、非常に美味しいため、Fry（フライ）　蠅が寄って来るので、Shoo（シュー）しーっ！しーっ！と追い払わなければならないところからだそうです。

　私は、マドレーヌを焼いて1ダース持参したのですが、日本のレシピでは砂糖の量が足りなくてアメリカ人には物足りないので、ましてやアーミッシュには受けなかったと思います。セーラが1個だけ食べましたが、他の人は誰も手を出しませんでした。


　末娘のヴァーナが、ランカスターの写真本を出してきて、ページを開きました。

　アーミッシュの女性が二人写っています。母娘のようです。

　母親は眼鏡をかけていて理知的な横顔、娘は可愛い丸顔で振り向いた瞬間を撮られたようです。顔がはっきり判ります。

　ヴァーナが娘を指差して、「私のお母さんよ。お母さんが18歳の時」と言いました。

　ルースが寄ってきて、眼鏡の女性を指さし「これは、私の母。私たちが知らない間に写真を撮られたの」だそうです。

「本に載せていいか許可を求められなかったの？」

「全然！　本が出てから、知人が、写真が載っていると教えてくれたの。

この本は彼にもらったの」とのこと。

　許可も取らず勝手にアーミッシュの写真を掲載するなんて言語道断です。

　アーミッシュは、訴訟をしないと承知の上での所業でしょう。


　アンナの家で、似たような話がありました。

　アンナに 31 人の孫がいる、との話になった時、アンナが、孫娘の写真があると言いだしました。私とパットが怪訝な顔をすると、寝室に行って古いカレンダーを持ってきました。

　数年前に、ランカスターの観光協会が作成したカレンダーだそうです。

　その表紙に、自転車に乗った孫娘の写真が掲載されていたのです。

　アーミッシュファームを背景に、真正面から全身を写した写真でした。

　多分、車の中に待ち構えていてこっそり写したのでしょう。

　私が、ランカスター市に文句を言うべきと主張したら、「そうね…」と言いながら懐かしそうにカレンダーの孫娘を眺めていました。

　ルース母娘もアンナの孫も、写真を撮られたことに責任はなく、アーミッシュの規律に反した訳ではありません。

　ヴァーナは、きれいなお母さんを私に見てもらって嬉しそうでしたし、ルースもまんざらではなさそうでした。

　私も、初対面ながらルースの過去を垣間見て、一歩近づけたような気がしました。


　セーラが、ミントの葉を、かご一杯摘んで来ました。

　大きな寸胴鍋 2 個にお湯を沸かして、ミントの葉を洗わずに入れ 200 人分のミントティーを作りました。

　できたティーを大きなガラス瓶数本に詰め、みんなで外の小屋の 1 階に設置してある冷蔵庫まで運びました。

　アーミッシュの冷蔵庫は、台所に置いてあるものは普通の 2 ドアの冷蔵庫ですが、外に設置してあるものは、大きな蓋つきのコンテナーで、中に冷水が入っていて、その中で冷やす方式です。イッシュ宅もキング宅も、家の中の冷蔵庫はガス式で、外の冷水機には太陽光発電システムを使用し

ています。

　イッシュ家の冷水機には、ジュースやスイカも入れてありました。


　お茶を運んだあと、ルースが小屋全体を案内してくれました。

　１階の半分は馬小屋で、ブースが３個あります。ヘンリーと息子２人の馬用です。

　３頭の馬の蹄を削りに、２週間毎にアーミッシュの男性がやって来るそうです。

　後日、私の訪問中にアーミッシュの男性がやってきて、馬蹄削りの作業をしましたが、ルースは挨拶にも行かず、お茶も出しませんでした。

　アーミッシュは、仕事と私事の区別をきっちり決めて、余計な気を遣いません。

　日本人が、ペンキ塗りや庭仕事の職人さんに、場合によっては宅配便の配達の人にまでお茶を出したりするのとは大違いです。

　仕事をする立場からすると、アーミッシュのように、全く構われない方が気が楽で、自分のペースで作業ができ、仕事も捗るのではないかと思いました。


　小屋の２階には、広い作業場と、大きなトラックが隠すように置いてある駐車場がありました。

　この小屋の中の駐車場は、一段高くなった裏庭と陸続きになっていて、トラックの出し入れが簡単に出来ます。

　作業場は、家具職人三男アイサック（25歳）の仕事場で、彼は、毎日ここで家具を製作しています。

　トラックは、ヘンリーのものですが、アーミッシュは運転を禁止されているので、動かす時には非アーミッシュのドライバーを雇います。

　駐車場の一角には、ヘンリーの大きな机が置いてあり、ヘンリー専用の電話が引いてありました。

　３人の娘たちの結婚式は、作業場を片付けてここで挙行したそうです。

　小屋を見学した後、裏庭へ回りました。どこもきれいに手入れがしてあ

ります。

畑にトマトやピーマンが生っています。

ルースが大きなトマトを1個捥いで私にくれました。

時間がどんどん過ぎていきます。

ルースが、「ヘンリーが帰宅したら、馬車でバス停まで送らせる」

と言うので待っていたのですが、バスの時間が迫ってきました。

6時の最終バスを逃すと、帰る手立てがありません。

ギリギリまで待って、来た時のように歩いてバス停まで行くことに決めました。

別れの挨拶もそこそこに、バス停へ急ぎます。

車道に出るまでの砂利道が結構長く、時間がかかりました。

時計を見ると、あと10分しかありません。私は、時計を見ながら走り始めましたが、このまま走り続けても間に合わないと思い、ヒッチハイクをすることにしました。

丁度車が来たので手を上げると、ずっと前の方で停まって待っていてくれました。

急いで走っていくと、若いお母さんと、後部座席のチャイルドシートに赤ちゃん、傍に幼児2人が座っています。助手席のドアを開けてくれました。

サンキューを連発して、バス停まで500メートル位の距離を乗せてもらいました。

お母さんは「家まで送ってあげる。家はどこなの?」

と言ってくれましたが、とんでもない、バスを2台乗り継いで1時間半かけて帰るのです。

「ほんとに送って行けるのに」と言ってくれるお母さんの好意に感謝して、終点のバス停で降ろしてもらいました。

黒いRV車の、髪の長い眼鏡をかけた素敵な女性でした。

名前も住所も聞く時間がなく残念でした。

どこかで、また会えたらラッキーと思いながらイッシュ家に通っています。

## 2）イッシュ家２回目の訪問

　初めてイッシュ家を訪問した数日後、アンナ宅を訪ねるためにパットと待ち合わせをしました。

　いつものように、レストランへ行ってランチを食べているときに、ルースの家に行った話をしました。どのようにして行ったのか聞かれたので、「行きはバスの終点からNewport Rdを歩いて…」と言った途端、パットはびっくりです。

「ノー！　歩ける道じゃないでしょう！」

「うん、脇を車がビュンビュン通るので怖かった。でも、帰りはヒッチハイクしたから」

「ヒッチハイク？　ノー！　ノー‼　ノー‼‼」

「マリコ、アメリカでヒッチハイクなんて、絶対にしてはいけない！」

　パットが真顔で戒めます。

「うん、わかった」

「今度はいつ行くの？　私が車に乗せていくから」


　ということで、２度目はパットに同行してもらっての訪問となりました。

　終点まではバスで行き、パットと待ち合わせです。

　パットは、インターナショナルハウスまで迎えに来ると言ってくれましたが、バスの終点はお互いの家の中間地点にあるのです。

　私は、アーミッシュの家で、家事を手伝わせてもらいながら日常生活をリサーチするのが目的ですが、パットは家事はしません。

　パットの家では、ご主人のドナルドが夕食を作り、片付けをします。

　掃除は、プロのクリーニングレディが来てしてくれます。

　パットはネイルサロンに通って爪の手入れをしているので、水仕事はさせられません。

　パットと一緒の訪問は、午後のお茶の時間になります。

　前回３時の訪問で慌しかったので、今回は２時に訪問しました。


　ルースに家の中に案内されると、パットは興味津々です。

「アンナの家とは大違いね、きれい」と私にささやきました。

　セーラが、モップとバケツを持って 2 階から下りてきました。

　これから 2 階の掃除をするそうです。

　私が、「手伝おうか？」と言ったら嬉しそうに、「うん！」と返事をしました。

　パットは、ルースとおしゃべりをしながら、家の 1 階を見て回っています。

　私とセーラは、2 階に上がって手分けして掃き掃除と拭き掃除をしました。

　30 分くらいして、パットとルースが 2 階に上がってきて、これからヘンリーの実家に行くと言います。

　ヘンリーの母親が、キルト作りの名人なので作品を見てもらいたい、というのでした。

　キルト好きの私には願ってもない話です。

　出かける前に、ルースがミントティーをグラスに注いで出してくれました。

　飲み終わって、グラスを洗おうとして水栓を捻る時に、私は思わず躊躇してルースに尋ねました。

「水は貴重だからあまり出さない方がいいでしょう？」

「別に構わないわよ。なぜ？」

　パットが笑いながら説明しました。

「Christiana のアーミッシュのお宅で、マリコがコップを洗おうとしたら、水をそんなに使うな、と言われたの」

「何て名前の人？」

「アンナ・ベイラー」私が答えました。

「私が知っている人かもしれない」ルースが言います。

　ルースの家とアンナの家はあまりにも離れすぎていて、接点があるとは想像もしませんでした。アーミッシュの前で、他のアーミッシュの話をしてはいけなかった、名前を出すべきではなかった、と私は反省しきりでした。

パットも口をつぐみました。

実は、この話には後日談があって、
次にパットとアンナ宅を訪ねた時、アンナが
「先日、葬式があってルースと会いマリコの話をした」と言います。
「どうしてルースを知ってるの？」パットが尋ねると、
「ルースの母親と私は従妹だから」もうびっくり仰天です。
家の中が汚い話や、なんでもお金に換える話をしないでよかったとつく
づく思いました。

パットの車に乗って、ヘンリーの実家、ルースの義母宅へ向かいました。
車だと回り道になりますが、実家は歩いて行ける距離の所にあります。
ヘンリーの両親は、グランパハウスに住んでいますが、母屋と同じぐら
い大きな家でした。特に、台所が広くて床がピカピカです。
ルースに聞いた話では、ヘンリーの母親は、床をピカピカに保つのに執
念を燃やしていて、どの家より床が綺麗なのが自慢なのだそうです。
お義母さんが、キルトをたくさん出してきて、広げて見せてくれました。
床がピカピカなのは、キルトを汚さないためかもしれません。
小さいキルトは一枚もなく、全部ベッドカバーです。
非常に丁寧に作って有り、デザインも配色も素敵で、値段もキルト専門
店に卸す前なので安く買えそうです。
しかしながら、私はどんなに良いものが安く買えても、帰国する時の
スーツケースにキルトを詰めるスペースがないので買えません。
パットは、数年前、今の家を買った時にベッドカバーを新調したそうで
不要です。
パットが、「孫娘のベビーベッド用に小さいキルトがあったら買いたい」
と言いましたが、大人用のカバーしか作っていないとのことでした。

お義母さんをがっかりさせた後は、お義父さんの仕事場へ。
お義父さんは、アーミッシュの女性と子供のために、籐で編んだ蓋つき

のバスケットを作っています。丸い形で、しっかりしていて、なんでも入りそうです。

　後日、アーミッシュのチャーチサービスに出席したとき、多くの女性と女の子がこのバスケットを下げているのを見ました。

　私も、欲しいとは思いましたが、かさばって場所をとるのでやはり日本へは持って帰れそうにありません。

　パットは、素朴なものよりきらきら豪華なものが好きなので、バスケットはパット向きの商品ではありませんでした。

　次に案内された母屋の前にパットの好きなものがありました。

　母屋には、ヘンリーの兄夫婦の家族と独身の妹が住んでいます。

　家の裏には花畑があり、妹が多種多様な花を栽培し、花束にして花屋に卸しています。

　パットはそこで花束を買いました。

　私は、これからバスに乗って帰るので花束は邪魔になります。

　私たちが買ったのは、パットの花束だけで、ルースの期待に添えず申し訳ない気がしました。

　私たちは、ヘンリーの実家をあとにしてルースの家に戻り、ルースを降ろして私のバスの乗り場へ行きました。

　バスが来るまでかなり時間があったので、2人でバス停前のカフェに入り、ひとしきり話をしてお互い帰路につきました。


　この後、私は、個人営業のウーバー、M氏にメールか電話で予約ができるようになったので、パットに頼まなくても自力でイッシュ家に通えるようになりました。

　以来、イッシュ家を訪問する時は、朝から晩まで滞在して家事を手伝い、アーミッシュのシンプルライフをしっかり観察しています。

　パットは、その後、ルースが私のアパートに遊びに来る時に、送迎をしてくれるようになりました。

## 3) アーミッシュのベネフィットセール

　3回目にルースに会ったのは、ルース宅から離れたインターコースという町の消防署で催されたベネフィットセールでした。

　アーミッシュのベネフィットセールは、緊急に大金が必要になった時に開催されます。

　今回は、ルースの実家の主催で、ルースの姪が脳腫瘍で手術をすることになり、大金が必要なため、急遽計画されたものでした。主催は、ルースの実家の面々ですが、実際に取り仕切っているのはルースのように見えました。

　インターコースは、以前、ランカスターを訪れるたびに宿を取っていた町なので、私には馴染みがあり、消防署の位置も知っています。

　バスを2台乗り継ぎ、ランチが売られる11時に着くように出かけました。

　ルースは、あちらこちらと飛び回り忙しそうでしたが、私が行くと、後のことを傍にいた女性に頼んでずっと私と居てくれました。

　私たちは、それぞれに好みのランチを買い、オークション会場の椅子に座って食べました。私が、ランチセットのチキンを、「もの凄く美味しい！」とほめると、「私の息子の鶏で、焼いたのも息子。今日は500本焼いてきた」とのこと。

　ランチセットは、チキンとパンとポテトチップスとコールスローがセットになっていて8ドルでした。売り上げは、全額寄付されるそうです。

　会場に、オークションに出品されると思われる品々がどんどん運ばれてきます。

　ルースと見て回ると、コート掛けが付いた素敵な棚がありました。ルースの息子の家具職人、アイサックが作ったものでした。

　建物の外では、ルースの親戚の女の子が子犬を連れて歩き回っていました。この子犬も、今日のオークションに出品（出犬？）されるのだそうです。

　会場に集まっているのは、殆どアーミッシュなので、私が1人で居たら

奇異の目でみられるところですが、ルースと一緒なので堂々と滞在でき、じっくりアーミッシュ女性を観察することができて貴重な体験になりました。

　ルースに、「4時半になればもっと大勢のアーミッシュが集まってきて、オークションを見るのも楽しいよ」と言われましたが、ルースを私の傍にずっと引き留めておくのが申し訳ない気がしたので、オークションが始まる前に会場を後にしました。


　会場からバス停を2つ行ったところに、アーミッシュ観光の拠点、キッチンケトルプラザがあります。

　プラザまで歩き、名物のアイスクリームを食べ、キルトの実演をしている店でキルトを刺させてもらい、上手と褒められて気分良くバスに乗って帰りました。

　後日、寄付をしなかったことに気が付いて、ルースにそう言ったら、「チキンを買ってもらったし、必要なお金は集まったから」とのことでした。


## 4）アーミッシュのチャーチサービス

　2019年3月某日、ルースに招待されて、ルース宅が会場になったチャーチサービスに出席しました。

　二度とないチャンスと思い、サービスの様子を克明に記録しました。

　その記録には、イラストで描いた部分が多々あるのですが、掲載するにはあまりにも稚拙な絵なので文章でかいつまんでお伝えします。


　アーミッシュのチャーチサービス（礼拝）は、隔週の日曜日に、教会員の家庭を持ち回りで行われます。

　教会区は、地域で決まります。近所に住む25軒ぐらいが集まって、1つの教会区を構成します。

　自分の住む地域以外の教会に所属することは出来ません。

　教会によって規則が違うので、規則に従えなかったり、教会のメンバー

とうまくいかない場合は、住む場所を替えることになります。

　礼拝の参加は自由で、出欠を連絡する必要はありません。

　旅行中や、他家を訪問中などに、その地区の礼拝に出席するのも可能です。

　ランカスターでは、教会区がAとBに分けられており、AとBでチャーチサービスの週が1週間ずれています。それで、毎週礼拝をしたい人は、自分の教会区で礼拝がない週には、他の教会に出かけたりします。

　AとBに分けて礼拝日を一週間ずらすのは、非常に合理的な考え方だと思いました。

　イッシュ家の、チャーチサービスの会場は、母屋の地下室でした。

　地下室へは、母屋の家事室から階段で下りることができ、外からも直接入れるようになっています。

　地下室の中は、数日前に私も手伝って家族総出で掃除をしました。

　壁側にぐるりと取り付けられた二重の窓ガラスを全部拭いてカフェカーテンを下げ、床を掃き、モップをかけました。

　地下室には、薪ストーブが設置されており、小さな台所もあります。

　アーミッシュは、大人数のパーティーでも、使い捨ての紙皿や紙コップは使いません。

　台所のテーブルの上には、礼拝後の昼食で使用する、大量の食器やコップ、水差しなどが並べてありました。

　食器類は全て教会の所有物で、ベンチと一緒にチャーチワゴン車に収納してあります。

　礼拝に使うベンチは、木製で折り畳め、ジョイントで組み合わせるとテーブルになります。

　チャーチワゴン車は、土曜日の夕方、イッシュ家にやってきて、アメリカ人の運転手と、イッシュ家の男性が総出でベンチを運び会場に並べまし

た。

日曜日、午前8時頃からアーミッシュの家族たちが全員正装して、箱型の馬車や荷馬車、または徒歩で次々にやってきました。

近所の若い家族は、母親が乳母車を押し、父親が男児を乗せた箱車を引いて来ました。

箱車の中に、荷物が一緒に乗せてありました。

男性は、大人も子供も全員、黒いズボンに黒いベスト、黒いフェルトの帽子を被っています。

帽子は、会場になった家の男性だけは、麦わら帽子を被ってもいいそうです。

女性たちは、イッシュ家の女性全員を含め、黒いドレスを着ている人が多い中、パープルや淡いブルーのドレスを着ている若い女性と若い母親も見られました。

色物のドレスを着る場合は、母娘、姉妹は同じ色にするのが決まりだそうです。

女性は全員エプロンをしますが、決まりがあって、若い女性は、白いエプロン、大人の女性は黒いエプロン、幼女は白、黒どちらでも構いません。

幼女のエプロンは、ストンとした丈の長いドレス型で、背中の1番上にボタンが1個付いています。

エプロンは、8歳から大人と同じケープ形になり、三角形の胸当てが付いた上部を下部の前掛けに虫ピンか待ち針で止めます。

他の教会区から来て出席している子供と、会場になった家の子供は黒いエプロンをすることになっています。

女性は赤ちゃんでも頭にハート型のキャップを被ります。

キャップには、白と黒の2色があって、結婚したらもう白いキャップしか被りませんが、未婚の若い女性は、好きな方を被っていいそうです。

この日は、黒いキャップの女性は10人ぐらいで、あとは全員白いキャップでした

大人のミニチュアのような幼児たちは、男の子も女の子も、人形のようで、ものすごく可愛いです。

　大人の女性は、家族に亡くなった人がいる場合、１年間、チャーチサービスと外出する時には黒いドレスを着なければなりません。
　洗礼前の女性は、チャーチサービス時のみ黒い服を着ますが、それ以外の外出時は、好きな色のドレスを着てかまいません。
　イッシュ家のルースは、昨年ヘンリーの妹が亡くなり、今年はヘンリーの父親が亡くなったので、普段着もよそ行き着も、年がら年中、黒いドレスを着ています。

　礼拝に集まった女性と乳児は、全員家の中に入ってきますが、男性は誰１人入室しません。ヘンリーも外へ出ていき、小屋の前で来訪者と歓談しています。
　礼拝が始まるまで、女性は家の中で待ち、男性は外で待機するのが決まりだそうです。
　次々に、女性がイッシュ家のリビングルームにやってきて、あちこちにおしゃべりの輪ができました。
　外を見ると、小屋の前の広場に22台の箱型の馬車が停められ、敷地の通路沿いに、若者が乗る屋根なし２人乗り馬車がずらりと並んでいました。
　若者は、礼拝の後、歌の会の集会所に行くので、一刻も早く出られるように馬車を通路に停めるのです。

　８時半近くになった時、老齢の女性を先頭に、家の中から地下室に通じる階段を家族ごとに下り始めました。
　外を見ると、男性たちも年寄りから順番に地下室の中に入っていきます。
　イッシュ家の親類と家族は最後に続きます。
　私は、最後の最後にルースに付いて礼拝場に入りました。
　礼拝場には、真ん中から向かい合わせにベンチが並べてあって、左側に男性、右側に女性が座りました。

　男性側の最前列には、未婚の青年がずらりと並び、その端に長老が座ります。

　女性席も1番前に若い未婚の女性と老齢の女性が座ります。

　赤ちゃんは性別に関係なく母親が抱いて女性席に座りますが、赤ちゃん以外は、男の子は父親の傍に座ります。未婚の若者を別にして、家族は並んで座るのがしきたりです。

　ベンチの上には、教会が所有するアーミッシュのヒム（讃美歌）の本「AUSBUND」が、各席に並べられています。聖書はありません。

　アメリカの教会と違って、アーミッシュのチャーチサービスには、誰も聖書を持参しません。聖書は、ミニスターだけが手にします。


　無言のうちに礼拝が始まりました。

　男性長老が1人でヒムを歌い始め、全員が後に続きます。

　ヒムは、単調な御詠歌のような歌で、歌うというよりお経を唱える感じです。

「AUSBUND」は、その昔、迫害に遭って刑務所に入れられたアーミッシュが、檻の中で書き綴った歌です。

　アーミッシュは、ダンスを禁じられているので、リズムに乗って身体を揺すったりしないように、ヒムはわざと超スローテンポの曲調になっているのだそうです。

　確かに、ヒムを聴いて眠くはなっても、踊りたくなることは絶対にありません。

　ヒムは、途切れることなく20分ぐらい続きました。

　ひとり機嫌の悪い赤ちゃんがいて、時々泣き叫ぶのですが誰も意に介せず、子供たちは、みんなおとなしく座っています。

　全員で200名ぐらいの出席者で、そのうち女性は70名ほど、女児は15名いました。


　9時半にビショップ（牧師）、ミニスター（説教者）2名、デーコン（会計管理係）の教会のお偉方が入室してきました。

ビショップが着席すると、男性の1人が、ミニスターの1人に聖書を手渡しました。

　再度ヒムが始まり10分ほど続きました。


　ヒムが止むと、ミニスターが壁を背にして立ち、スピーチを始めました。

　ペンシルバニアダッチなので、私には単語ひとつ聞き取れませんでした。

　30分経ったころ、隣の女性にいきなり「お祈りをするのよ」とささやかれました。

　みんな椅子から下りて体の向きを変え、跪いて椅子に肘を乗せ、無言でお祈りを始めました。私も皆に倣いました。

　数分経つとミニスターから声が掛かり、みんな立ち上がると無言で祈り続けました。

　体の向きは変えないので、男女は背中を向け合ったままの体勢です。

　男性席から女性側の様子は見えません。

　前列の方から若い女性が10人ぐらい、ぞろぞろと列をなして母屋に上がっていきました。彼女らがポツリポツリ戻って来ると、1人また1人と母屋に上がっていきます。

　時々、トイレの水を流す音が聞こえます。


　10分ほど経った後、全員正面を向いて座りました。

　2人目のスピーチが始まりました。ビショップです。

　皆、熱心に耳を傾けているように見えます。

　小さい女の子たちが時々振り向いて私を見ます。

　スピーチの途中、赤ちゃんを抱いた母親が列の端に行き、同じく席を立ってきた父親に赤ちゃんを渡しました。

　父親はその赤ちゃんを抱いて、自分の席に戻りました。

　多分、対面に座り直した時に、2人で目で合図し合ったのでしょう。

　母親が抱くのに疲れたか、トイレに行きたいかで、父親に赤ちゃんを託したものと思われました。

　礼拝中は、他人に迷惑をかけず、家族で解決するのが暗黙のルールなの

かもしれません。

　礼拝が終わった後、その赤ちゃんは女性たちに交代で抱かれていました
から。


　説教の途中、ヘンリーがコップに水を汲んでビショップに渡しにいきま
した。

　ビショップの説教は、50分間続きました。

　赤ちゃんの声が聞こえたり、咳や鼻をかむ音や何かを落とした音が響い
たりはしましたが、大人も子供もみな無言で静かに説教を聴いています。

　私の前の席では、女児がお母さんの膝に突っ伏して眠っていました。

　11時になり、やっとスピーチが終わりました。

　目を閉じて祈り始め、声に出して祈り、「AUSBUND」の本を開いて、
歌うのではなく、皆で読み始めました。

　10分過ぎたところで、3人目の説教者の登場です。

　席に座ったまま何か（聖書？）読んでいる様子で、やたら咳払いが多く、
緊張されている感じでした。

　11時20分から長老の説教が始まりました。

　落ち着いた語り口です。

　話は5分で終わり、11時25分に、ビショップが立ち上がって言葉を発
すると、全員、再び跪いてお祈りを始めました。

　初回は無言でしたが、2度目はアウスブントを唱えながら祈ります。

　時間にして7、8分です。

　それから、後向きのまま立ち上がり、声を揃えて、ヒムではなく私にも
馴染みがある讃美歌を歌い出しました。


　イッシュ家の女性たちは、讃美歌を歌いながら、椅子を片付けて流し前
のテーブルに集まり、食事の用意を始めました。

　讃美歌は、礼拝の終了を告げる合図のようです。

　11時45分、歌の終わりと共に礼拝が終了しました。

　男性は、礼拝が終わるや否や、ほぼ全員でベンチとジョイント用の台を

使ってテーブルを組み立て、つなげて大きな長いテーブルを２台作りました。

　左右に設置して、テーブルの両脇に、ベンチをズラリと並べます。

　左側のテーブルが男性席で、右側が女性の席です。

　女性たちが、テーブルの上に布製のテーブルクロスを広げ、手分けしてお皿を並べ、お皿の両脇にナイフとフォーク、スプーン、コップを置きました。

　他の女性たちが、料理を運んで来てテーブルの中央に並べます。


　食事の用意ができるのを、老齢の女性は右側、男性全員は左側に立って、おしゃべりしながら待ちます。食事が始まるまで、夫婦と言えど、男女が口を利くことはありません。

　男児は父親の傍にいて、女児は母親と一緒です。

　赤ちゃんを抱いた母親は、部屋の隅で椅子に座って待っています。

　左右２台のテーブルを合わせて、座れるのは100人に満たないので、食事は２回に分けて供されます。

　男性席では長老、牧師、説教者、老齢の男性、男児と父親、女性席では、老齢の女性、赤ちゃん連れの女性たちが優先です。

　席が余れば、それぞれ年齢が上の者から着席します。

　食事は、無言のお祈りから始まりました。

　この日のランチのメニューは、食パン、バター、プリュツェル、アップルソース、ピクルス、クランベリージェリー、チョコプディング、アップルパイ、シュニッツパイ、バナナ、水、コーヒーでした。


　チャーチサービスの会場の家族は、老齢でも１回目の食事には加われません。

　イッシュ家の親族の女性たちと私は、女性側のテーブルの近くに立って、皆が食べるのを見守りました。

　ヘンリーと親族の男性たちは、男性側のテーブル近くに立っていました。

　ヘンリーの母親が、水差しを持ってテーブルを回り、ルースと娘たちが

コーヒーを注いで回っていました。

　私が、1回目の食事の間に母屋へ上がっていくと、台所の2台つなげたテーブルで、イッシュ家の親戚の子供たちと、若者たちが20名ぐらいで食事をしていました。

　早く外で遊びたい少年たちと、一刻も早く歌の会に駆け付けたい若者達でした。


　1回目の食後のお祈りが終わると、素早く汚れた皿やナイフ、フォーク、コップを片付け、新しいお皿を並べます。

　お皿を下げるのは、食べ終わった女性たちが手伝うので、そんなに時間はかかりません。

　取り分けてあった料理をテーブルに並べて、残りの全員が男女に分かれて座ります。

　無言のお祈りをして、2回目の食事が始まりました。

　既に食事が終わった人たちは、男女別に、あちこちに固まっておしゃべりをしています。

　2回目の食事が終わり、お祈りが済むと、すぐに私の周りに長老や年配の男性たちが集まってきました。

　私が、アーミッシュでもないのに礼拝に参加したので、教会の重鎮たちに糾弾されるのか？　たじろいだら、そうではなく、好奇心から寄ってきたようでした。

　立派なあご髭の長老も、いかめしい老齢の男性も、にこやかに話しかけてくれます。

　名前は？　どこから来た？　そこまではいいのですが、あとの英語が解りません。

　ルースが来て、彼らとペンシルバニアダッチで話をしてくれました。

　彼らは、頷きながら私に手を挙げて去っていきました。


　私も、食器の片付けを手伝いました。

　洗って拭き上げた食器とカップ類はそれぞれのコンテナーに収納し、ナ

イフ、フォーク類は木の箱に仕舞います。

　テーブルとベンチは、右側の半分を残して全部折りたたんで、チャーチワゴンに積まれました。

　地下室で2回目に食事をした若者たちは、歌の会に参加するため全員いなくなりましたが、大人たちは男性が25名ぐらい、女性も20名ぐらい残って、5、6人ずつのグループに分かれて話をしています。

　この後何も予定がない人たちが、居残っておしゃべりを楽しんでいる感じです。

　長老たちのグループは、ベンチに座って話をしています。

　ヘンリーがコーヒーを淹れて、長老たちに持っていきました。


　1人だけ、年配女性のグループに入って、話をしている老齢の男性がいましたが、基本的に、女性は女性、男性は男性だけで固まって話をするそうです。

　先に帰る男性は、残る男性たち1人1人に握手やキスをして挨拶をします。

　男児を連れている父親は、子供に上着を着せ、帽子を被せ、帰り支度をしてやります。

　そして自分の用意も出来たら、奥さんの傍に行き合図をします。

　この時、他の女性たちに挨拶をしたり、話をすることはありません。

　男性は、男児を連れて地下室の入り口から出ていき、馬車の用意をします。

　奥さんは母屋に上がって帰る用意をし、玄関から出ていきます。

　教会にいる間は、最初から最後まで、男性と女性が分けられている感じです。


　2時10分になり、地下室に、なおも残っている大人の男性が12人、女性が12人、赤ちゃんが3人、女児と男児が数人いました。12組の夫婦と子供なのでしょう。

　男性は10人が輪になり、2人が対面で話をしています。

　女性は、12 人全員で輪になり、代わる代わる赤ちゃんを抱いておしゃべりをしていました。


　3 時半ごろ、イッシュ家の関係者を残して全員が帰宅し、2 度目の食事の用意が始まりました。ディナーです。

　ランチもそれなりに満足できるものでしたが、家族用のディナーは、非常に豪華でした。

　親戚の女性たちが手料理を持ち寄ったものです。

　イッシュ家の家族と親戚たち全員、それに私を含めた 30 人ぐらいが席に着きました。

　メニューを紹介すると、

　ミートローフ、スパゲッティ、卵の詰め物、コーンの煮物、マッシュポテト、アップルソース、クランベリーソース、バナナプディング、ストロベリーケーキ、チョコレートケーキ、コーヒーに水。

　食前、食後は無言でお祈り。女手がたくさんあるので、食器の片付けはすぐに終わりました。


　みんなで、母屋へ移ります。

　イッシュ家の五男アイヴァンと四女のファニーは、それぞれ歌の会へ出かけました。

　小さい子供がいる親族も帰り、ヘンリーの家族だけが残りました。

　ヘンリーの両親、ヘンリーの兄弟姉妹とその家族です。

　ヘンリーの家族は、大人 12 人で輪になってミーティング風歓談です。

　子どもたちは、男の子たち 3 人は外でバレーボールをし、女の子たちは 2 階でセーラと遊んでいます。全員セーラのいとこです。

　私は、ミーティングの様子を観察しながら、今日の一連の流れを思い出してノートに書き留めていました。

　みんな、私が何を書いているのか興味津々で、時々覗きに来て、漢字の意味を知りたがったり、私の下手なイラストに首をひねったりしています。

バレーボールをしていた男の子たちが戻ってきて、セーラと４人でゲームを始めました。

「Life on the Farm」すごろくのようなゲームです。

　最初にお金を配り、サイコロを振って出た目の数だけ進みます。

　牛や馬を売り買いする場面があって、お金のやり取りをします。

　ゲームが終わって、「次何する？」という話になった時に、

「トランプはしないの？」と、私が聞いたら、

「トランプは、カジノ（賭け事）だから、アーミッシュはしない！」と、全員に言われました。

　アーミッシュにトランプ遊びがタブーなことを、この時初めて知りました。

　４人は、同じゲームを再度やることに決めました。

　セーラは背も高く、もうすぐ16歳になるので少々大人びています。

　それに比べると、３人の少年たちは幼くて、セーラが一緒にゲームをして遊んでやっている、という感じです。

　３人に年齢を聞くと、12歳、13歳、14歳とのことでした。

　無垢で可愛い男の子たちでした。


　女の子２人が、２階から下りてきて１冊の本を、顔を寄せ合って読み始めました。

　外が薄暗くなり、時計を見ると５時20分です。

　ヘンリー家族のミーティングは白熱しており、セーラたちのゲームも盛り上がっています。

　電気が点される気配は全くありません。


　５時半にウーバーが来ることになっているので、私は、帰り支度をしてみんなに挨拶をしました。

「招待してもらって嬉しかった、ディナーがとても美味しかった」と、拙い英語でお礼を言ったら、女性たちは皆立ってきてハグをしてくれました。

　１度は体験したかったアーミッシュのチャーチサービス、見るもの聞く

もの、初めてのことばかりで、充実且つ有益な 1 日でした。

### 5）イッシュ家で 2 度目のチャーチサービス

前回の、チャーチサービスに出席してから 9 か月が過ぎ、2019 年 12 月某日、イッシュ家が会場になる礼拝に、再度、招待されました。

今回は、クリスマス直前の礼拝なので、前回と違うことが多々あるのかと思ったら、礼拝自体は、通常と何一つ変わりませんでした。

会場にクリスマスらしい飾り付けを施すことはなく、クリスマスソングを歌うこともありません。

礼拝後、いつもの手順で昼食の用意がされ、前回とほぼ同じ内容の食事が供されました。

昼食のデザートは、パイが定番ですが、今回は、パイは一切なく、クッキー一色でした。

持ち寄られたクッキーは、チョコチップクッキーやピーナツバタークッキーなどで、クリスマスらしいクッキーは、前々日に、ルースと私とヴァーナの 3 人で作った、ツリーや雪だるまに赤や緑や紫色のザラメを散らしたクッキーだけでした。

チャーチサービスの会場では、通常、11 時半からの 2 回に分けた昼食が終わると、先ず歌の会に参加するユースグループの若者たちが姿を消し、幼児がいる家族も、徐々に帰途につきます。

残っておしゃべりを楽しんでいた人たちも、順次帰宅し、3 時頃には家族親戚以外いなくなります。

でも、この日は、違いました。

若者は全員去りましたが、多くの家族が残っていました。

実は、この後、クリスマスソングを歌う「歌の会」が催されるのです。

歌の会が始まるまで、学齢期の少年たちは、外でボール遊びやトランポリンに興じ、女の子たちは、家の中で本を読んだりゲームをしたりしてい

ます。

　若い母親たちは、リビングルームで輪になって、全員、膝に赤ちゃんを乗せておしゃべりをしています。

　地下室の会場では、中高年の女性たちが、2、3のグループに分かれてパイプ椅子に座って話に花を咲かせていました。

　男性たちも、いくつかのグループに分かれて、ベンチに座ったり、立ったままで歓談です。

　男女とも、ポツンと1人でいたり、家族だけで固まったりしている人はいません。

　今回も、女性のグループの中に1人だけ交じって、おしゃべりに加わっている長いあご髭の老齢の男性が居ました。

　ルースによると、この男性は他教会のメンバーで、毎週違う教会を回って礼拝に参加しているのだそうです。

　アーミッシュ社会では、礼拝の場に、夫婦が別々に参加することはあり得ないので、彼は、妻と死別してやもめになったか、元々独身なのかのどちらかなのでしょう。


　午後1時を過ぎた頃から、ルースが2回目のもてなしの用意を始めました。

　2時から、クリスマスの歌の会が始まるのです。

　そのために、みな帰宅せずに残っているのです。

　ルースと私、ルースの義母（ヘンリーの実母）、同じ教会区に嫁いだイッシュ家の長女リアの4人でフルーツをカットし、チーズを削り、クラッカーやクッキーを皿に盛り、飲み物を作りました。

　大体用意が終わったところで、ルースの義母は、歌の会には参加せずに帰っていきました。

　2時になり、ヘンリーが、1台のテーブルの上に50〜60冊の歌集を並べました。

　みんなが集まってきてテーブルをはさんで男女が向かい合って座り、クリスマスの歌の会が始まりました。

　歌はドイツ語です。

　リビングに居た赤ちゃん連れの母親たちも、地下室に下りてきて加わりました。

「サイレントナイト」や「ジングルベル」など、知っている曲が多々ありましたが、私は聴き手に廻り、英語とは違うドイツ語の歌の響きを楽しみました。

　歌会が佳境に入った頃、ルースと私で大人たちにコーヒーやココアを配りました。

　テーブルの上に食べ物を並べて、子供たちには炭酸水で薄めたグレープジュースを配ります。

　このジュースを、大人たちが何人も所望するので、ルースはキャニングした、自家用のグレープジュースを何本も開ける羽目になりました。


　学齢期の少年たちは、歌の会には参加せず外で遊んでいて、のどが渇いたりお腹が空くと、地下室のキッチンへやって来ます。

　その都度、ルースがジュースを用意し、私がチーズを削ります。

　彼らは、お腹が満たされるとまた裏庭に戻って行って遊びの続きをします。

　3時半ごろ、歌の会が終わりました。

　子どもたちはさすがに疲れ果てています。

　若い両親たちは帰り支度を急ぎ、次々に帰途につきました。

　4人の子供を持つリアも帰り、女性はルースと私の2人だけになりました。

　2人で再度の後片づけをしました。

　ベンチや敷物は、明日イッシュ家の男性軍に片付けてもらうことにしました。


　前回は、豪華な2度目の食事を家族親戚で楽しんだのですが、今回はディナーは無し。歌の会が終わって残っているのは、病気で礼拝を欠席し、歌の会だけに参加した末娘のヴァーナと、ヘンリーとルース、そして私の

四人だけでした。

もう外は薄暗くなっています。

ルースとヘンリーに、泊まって行くよう勧められましたが、着替えも洗面具も持参していません。

何より、今夜はゆっくり湯船に浸かりたい気分です。

ルースにアーミッシュタクシーを呼んでくれるよう頼みました。

イッシュ家の三人に2019年最後の挨拶をして、タクシーに乗り込み、家路につきました。


## 6）娘4人がアーミッシュ学校の先生

イッシュ夫妻には、娘が6人います。一番下の六女ヴァーナは、8歳です。

四女ファニーは18歳、五女のセーラは夏に16歳になりました。


アーミッシュの新学期は、8月下旬に始まります。

アーミッシュ学校の先生は、大抵、アーミッシュ学校を卒業した未婚の若い女性の中から選ばれます。

今年、イッシュ夫妻のファニーとセーラは、隣町のアーミッシュ学校の先生になることを要請されました。

生徒数が、男子14名、女子23名、合計37名で、かなり大きな学校です。

一人で教えるのは大変なので、ファニーが正規の先生、セーラはアシスタントの先生になりました。

生徒数が多すぎるので、この学校は来年2校に分けられる予定で、そうなったらファニーとセーラが各学校の先生になります。

イッシュ家では、嫁いだ娘3人のうち2人が過去に先生を務めたので、合計4人の娘たちが先生をしていることになります。


アーミッシュ学校の先生は、激務な割に報酬が少なく名誉的かつ奉仕的な仕事です。

　報酬は、ベテランの先生で 1 日当たり 50 ドル程度だそうで、新米先生のファニーの日給は 40 ドル、助手のセーラはそれより少ない金額です。

　20 年以上前に出版されたアーミッシュ関連の本に、アーミッシュ学校の先生の給料は、日給 40 〜 50 ドルと書かれているので、先生の報酬は殆ど変わっていないようです。

　ファニーとセーラが先生になった 1 か月後に、ルースと一緒に 2 人のアーミッシュ学校を訪問しました。

　私はそれまでに、4 校のアーミッシュ学校を見学していて、授業の様子をみてきました。

　ファニーとセーラは、その中で一番若い、経験も浅い先生です。

　しかしながら、2 人共、もうすっかり「先生」が板について、歓迎の歌に至っては最高のハーモニーを聴かせてくれました。

　訪問者ノートを見ると、ほぼ毎日のように訪問者がいます。

　多分、生徒の親や親類たちが、新しい先生に興味を持って見学に訪れるのでしょう。


　アーミッシュ学校の生徒たちは、毎日嬉々として学校に通います。

　みんな学校が大好きです。1 年生から 8 年生が同じ教室で学ぶので、上級生は下級生の世話をし面倒をみます。

　下級生は、上級生からいろいろなことを学びます。

　アーミッシュ学校には、喧嘩やいじめはありません。

　生徒たちは、下校するとどの子も家の手伝いがあるので、先生は宿題など出しません。


　ルースが購読している冊子「Blackboard Bulletin」に、あるクラスの子供たち 8 人の、好きな学科、帰宅後の手伝い、趣味について記載がありました。

　参考までに転載します。

| <名前> | <学年> | <好きな科目> | <帰宅後の仕事> | <趣味> |
| --- | --- | --- | --- | --- |
| Kristina | 8 | Spelling | milk cows | volleyball |
| Rose Mary | 7 | geography（地理） | feed hens | horse riding |
| Elizabeth | 7 | vocabulary（語彙） | wash dishes | camping |
| Rachel | 6 | health | sweep kitchen | stamping |
| JoAnn | 6 | German | milk cows | softball |
| Ruth Ann | 5 | reading | feed pony | skating |
| Regina | 5 | writing | clean | volleyball |
| Laura | 5 | arithmetic（算数） | feed chickens | reading books |

　子どもたちは、全員、帰宅後に乳しぼりをしたり、仔馬や鶏に餌をやったり、台所の掃除をしたりなどの仕事をします。

　アーミッシュは2歳の幼児でも卵集めの仕事をするので、学齢期になれば家の仕事を分担して受け持つのは当たり前のことです。

　日本の子供たちの帰宅後の仕事は何でしょう？

　多分「塾や習い事に行くこと」ではないでしょうか。


　ファニーとセーラの学校には、地階に、障害を持った子供たちのクラスがあります。

　見学するよう勧められたので下りていくと、1人の先生と3人の女生徒がいました。

　1人はダウン症で、2人は知的障害者です。

　先生は、以前、普通学級で教えていたベテランの先生です


　部屋の中には、学習机と椅子の他に、小さなトランポリンがありました。

　私たちが、椅子に座ると、すぐに生徒たちが前に出て歓迎の歌を3曲続けて歌ってくれました。

　歌が終わると、一番小さな2年生はトランポリンを始め、8年生は着席して問題集を広げました。

　もう1人の4年生は机に上って、手に持ったアルファベットのカードを

読み始めました。

　読めると、そのカードをひらひらと床の上に落とします。

　床にカードが増えると、先生が褒めてくれ、2年生と8年生が寄ってきて手を叩きました。

　アーミッシュ学校では、生徒も先生もみんな幸せそうです。


　私は、学校で習った難しいことは卒業と同時に全部忘れました。

　覚えていて、今なお役に立っているのは、読み書きと計算の仕方と、旅行に役立つ地理ぐらいです。アーミッシュ学校の学習内容と同じです。

　それでも別に困ることはなく、ずっと日本の社会で生きてきました。

　知らないことは、辞書や百科事典で調べることが出来ます。

　現代なら、ネットで調べれば即解決するでしょう。


　難しい勉強は、それに興味がある人、自ら勉強したい人、勉強が好きな人、或いは勉強が得意な人に任せたらどうでしょう。

　すぐに忘れて将来役に立たない受験のための勉強は、皆が皆、無理にしなくてもいいと思うのです。

　義務教育を終えたら、それぞれが好きな道に進んでいいのではないでしょうか。

　いじめも、妬みも、競争もなく、学校へ行くのが大好きなアーミッシュの子供たちをみてつくづくそう思いました。


## 7）ファニーの彼はミュージシャン

　ここで披露するのは、他言するのが憚られる話なので、私だけの胸に収めて置くつもりでした。しかしながら、試しにイッシュ夫妻に聞いてみたら、

「日本語で書くんだよね？　アーミッシュは誰も読めないからいいよ、書いて」とのこと。お言葉に甘えます。


　アーミッシュ社会では、楽器を演奏するのは厳禁です。

アーミッシュの歌に伴奏はありません。

　チャーチサービスや、アーミッシュ学校で歌を披露する時は、歌いだしを長老や先生が担い、斉唱で後に続きます。

　大抵の曲が二部三部、時には四部合唱になり、アカペラで美しい歌声を響かせます。

　アーミッシュ社会を描いた映画「Shanning シャニング（村八分）」には、ギターを弾くがためにシャニングされた若者が出てきます。


　ある日、イッシュ家に行ったら、リビングルームに中古のキーボードが置いてありました。セーラが、アメリカ人の知り合いから譲り受けたもので、代金はルースが払ったそうです。

　セーラに「お母さんだって、若い頃ハーモニカを持っていたでしょう？買って買って！」とせがまれて、断れなかったそうです。

「誰かに見られたらまずくない？」心配する私に、

「そうね、自分の部屋に持っていかせるわ」とルース。

　それから間もない日、2階に上がる機会がありファニーの部屋に行ったら、何と、ファニーの部屋にもキーボードが置いてありました。

　ファニーのボーイフレンドが買ってくれたそうです。

　ファニーのボーイフレンドはギターを弾くそうで、「自分はミュージシャン」なんだと自負しているそうです。

　私は、それを聞いてびっくり仰天です。

「キーボードにギターなんて、いくら洗礼前とはいえ、牧師や長老にばれたら大変でしょう？」

「そうなのよ、彼はギターを弾くときは、アーミッシュじゃなくてミュージシャンなんだ、と言うんだけど」

「洗礼したら、ギターもキーボードも止めてくれると期待しているんだけどね」

　とルースは言います。


　アーミッシュ社会ではダンスも厳禁です。

楽器とダンスがなぜタブーなのか？

アーミッシュの先祖は、隠れて洞窟の中や家の中で礼拝をしていました。

楽器を鳴らしてダンスなどすれば、追手に見つかってしまいます。

アーミッシュが教会を建てず、いまだに、各家の持ち回りで礼拝を行っているのは、その時の名残です。

今のまま、教会を持たず、各家で礼拝を行う伝統が続く限り、アーミッシュに楽器とダンスの解禁はあり得ない気がします。


「殉教者の鏡」も読まない若者には、先祖の迫害の歴史は遠い遠い昔の話です。

日本の若者が、江戸時代の隠れキリシタンの話を、自分には関係のない過去の歴史の一部と捉えるのと同じです。

アーミッシュの若者にとって、もはや迫害など考えられない現代に、なぜ楽器やダンスがタブーなのか納得がいかないでしょう。

不合理と思いながらも伝統を守っていくのか、納得いかない規則は廃止していくのか、ファニーや、ミュージシャンを自称する彼のような若者たちが洗礼を受けて大人になった時、アーミッシュ社会はどのように変化するのか、大変気になります。


## 8）プエルトリコでボランティア

イッシュ家の三男アイサックは、実はアーミッシュにはあるまじき写真付きパスポートを所有しています。

アーミッシュには、仕事上、身分を証明するために ID カードを保有している人が多くいますが、アーミッシュの ID カードには写真はありません。

しかしながら、飛行機に乗って入出国する時のパスポートには写真は必須です。


国内で災害が起きた時、アーミッシュの若者たちはボランティア活動に参加します。

殆どはバスや列車で出かけられる範囲ですが、アイサックは、誰も行きたがらないプエルトリコを選びました。

　交通費、宿泊費は自己負担です。

　プエルトリコはアメリカの自治領ですが、飛行機で入国するには、写真付きのパスポートが必要です。

　まだ洗礼を受けていなかったアイサックは、その時にパスポートを取得しました。

　その後、洗礼を受けましたがパスポートは処分せず、ずっと保有しています。

　アイサックは、洗礼後にも、プエルトルコを訪ねています。


　2019年の夏、旅が好きなアイサックは、2週間、単身でロッキー山脈を縦断しました。

　旅の出発点はカナダで、終点はモンタナ、カナダまでは飛行機で行きました。

　アイサックはスマホを所有しているので、飛行機の切符はネットで買えます。

　旅行中は、キャンプ場でテントに寝袋、ホテルは一切利用しませんでした。

　旅の間、アイサックは、毎日父親のヘンリーに電話をかけて無事を知らせ、翌日の行程を説明したそうです。

　モンタナからは、また飛行機で帰ってきました。

　それにしても、洗礼後に飛行機に乗って外国へ行ったことがばれれば…大丈夫なのでしょうか?

　ランカスターのオールドオーダーアーミッシュが、飛行機に乗った話は聞いたことがありません。

　ルースは、「アイサックが、結婚したらパスポートを廃棄してくれるよう願っている。でも、彼は旅が好きなので、それまでは仕方ない、好きなようにさせるわ」と言います。

　私が冗談半分で、

「私が帰国したら、アイサックに、パスポートを持っている間に日本に行くよう勧めてみたら？　私が面倒をみるから」
「おお、それはいい考えだ！」と、ルースは半分本気で言っていました。

キング家のリジーに、キング夫人がいない所で、なぜ飛行機に乗らないのか訊いたら、
「飛行機は値段が高いんでしょう？　だからアーミッシュは乗らないんだと思う」
キング夫人は
「飛行機に乗るなんてとんでもない！　アーミッシュにはあるまじきこと。シャニングの対象になる」と言っていました。
キング夫人の年代と、リジーのような若い年代では、飛行機に対する捉え方が違うのかもしれません。
アメリカは広いので、バスや列車で移動すると時間がかかります。
飛行機の方が、何倍も早く楽に目的地に着きます。
スマホを所有し、お金もあるアーミッシュの若者が、バスや列車より飛行機に乗りたいと思うようになるのは当然です。
将来、お金持ちのアーミッシュの若者が増えると、アメリカ国内のあちこちの空港で、アーミッシュを見かけることが珍しくなくなるかもしれません。
空港が身近な存在になれば、アイサックならずとも、パスポートを所有して、外国へ行ってみたいと思う若者が出現するのは自然の成り行きです。
もうそこまで、そんな時代が来ている気がします。
アイサックのパスポート所有のことは、イッシュ夫妻の了承を得て披露しました。


## 9）スープの日

その日は、ルースの家ではなく、同じ教会区に住む長女リアの家に来るように言われていたので、リア宅に直行しました。
寒さの厳しい2月の早朝です。

リアの家の前には行ったことがありますが、中に入ったのはこの日が初めてです。

　すでに、ルースと娘のファニーとセーラが来ていました。

　今日は、みんなでハンバーガースープを作ってキャニングをするのです。

　この場合のハンバーガーは、牛のひき肉を意味します。

　スープの正式な名称は、Hearty Hamburger Soup ハーティハンバーガースープです。

　前日に、リアの家で肉牛を解体したので、その際に作ったひき肉で、ハンバーガースープを作るのです。

　そういえば、「スープの日」に招待された時、ルースが、"非常に新鮮な肉で作るスープ"と、"新鮮"を強調していました。

　台所に入ると、大きなテーブルの上に赤ちゃん用の椅子が置いてあり、生後6か月のリアの長女、ルースの孫娘が座っていました。

　リアに、抹茶ポッキーとハーシーのチョコレートが詰まった袋をお土産に渡すと、リアはその場で袋を開いて、ハーシーのキットカットを6ヶ月の娘に持たせました。

　2歳の息子にもチョコレートを食べさせます。

　こんな赤ちゃんの時からチョコレートのようなものを食べていたら、味覚が鈍って糖度の許容度が上がるのは当然です。

　抹茶ポッキーは、箱の表面にお薄が入った抹茶茶碗が印刷されており、

リアがお薄を指差して

「お湯に溶かして飲むのね？」と言います。

「ノーノー、そのまま食べていいのよ」と私。

　抹茶ポッキーを知らない外国人には紛らわしいので、抹茶茶碗の写真は止めた方がいいと思いました。


　分担して作業が始まりました。

　私は、大ボウルいっぱいのジャガイモの皮を剥く係です。

　ピーラーを渡されたのですが、ナイフの方がやり慣れているのでナイフで剥きました。

　ジャガイモの次は、人参30本の皮むきです。

　ルースは、玉ねぎの皮を剥き、涙を流しながら乱切りをしています。

　乱切りした玉ねぎは、タッパーウエアーのチョッパーに入れてみじん切りにするのですが、たいしてみじんにはなっていませんでした。

　この作業の途中に、ルースの姉のマーガレットとその娘が、アーミッシュタクシーでやって来ました。

　車で1時間ほどの町から、近所のアーミッシュたちと乗り合わせて来たそうです。

　会うのは初めてでしたが、上品な母娘で、娘はファニーと同じ年齢とのことでした。


　マーガレットは大きな四角い、鉄板のようなフライパンで、ひき肉とみじん切りの玉ねぎを炒め始めました。

　その間に、私が人参とセロリを刻み、ルースが、左手に持ったジャガイモを右手のナイフで器用に小さく切っていきました。

　人参とセロリ、ジャガイモを一緒に茹で、パットに広げて外で冷やします。

　炒めたひき肉もフライパンごと外に出して冷やしました。

　野菜と肉は、冷めるまで一緒にしたらいけないので、ハンバーガースープは、両方の具材を冷ましやすい2月の厳寒期に作るのだそうです。

牛の解体も、気温の低い時期に行うのが肉の鮮度が保てて都合がいいので、ハンバーガースープはこの時期に作るのに最適なスープなのでしょう。

　肉と野菜が冷めるまでの間に、リアがパンを６本焼きました。
　私が、到着したときにパンは発酵中で、途中でリアの３歳になる息子が、慣れた手つきで発酵中の生地を指で押してガス抜きをしました。
　ランチは、焼きたてのパンと、冷ます前に取り分けた具材で作ったトマトスープ、絶品です。
　デザートは、ファニーが作ったケーキにコーヒーで、これも非常に美味でした。

　セーラとファニーがコーヒーを淹れているときに、ルースが外の様子を見にいくと、犬がひき肉を食べよう（食べたかも？）としているとのこと。
　あわてて、フライパンを玄関の土間に移動し、犬が入れないように網戸に鍵をかけました。野菜類は、犬は食べないのでそのまま外で冷まします。
　ランチの後、針仕事が好きなマーガレットは、リアに修繕の必要な衣類を持ってこさせ、ボタンをつけたり、子供服のほころびを繕い始めました。
　ルースはミシンがけをし、セーラたち３人の若い女性は、台所の調理台に上がって壁紙を剥がしています。
　リアが、壁紙をおしゃれなものに張り替えたいので、手伝っているのです。
　みんな、身内のためとはいえ、本当によく働きます。
　ファニーとセーラが調理台に乗っているときに、スカートの下からジャージのズボンが見えました。
　アーミッシュの女性は、ズボンを履くのは禁止されていますが、寒い時期に、若い活動的な女性がスカートの下にズボンを履きたくなるのは当然です。
　私は、見て見ぬふりをしました。

　皆がそれぞれに働いている間、私は、リアの３歳の息子に英語の絵本を

読んであげたり、テーブルの上にいる赤ちゃんをあやしたりしていました。

ミシンがけをしているルースが手を止め、私のそばに来て
「赤ちゃんの写真なら撮ってもいいよ」と言います。
「えっ〜、うっそー、ホントにいいの?!」
スマホを取り出してあわてて赤ちゃんを写しました。

あまりの驚きと動揺で手が震え、きれいな写真が撮れなかったのが今もって悔やまれます。

ちなみに、この後から、イッシュ家では、洗礼前の子供たちの写真撮影が許可になり、むしろ写真を写してと頼まれるようになりました。

予想だにしなかった展開です。

屋外の野菜と、玄関のひき肉が冷めたので、いよいよ次の作業に取り掛かります。

大きなコンテナーにひき肉と野菜を入れ、大量のトマトジュースを注ぎ、調味料を加えて混ぜ合わせ、瓶に詰めます。

この作業の最中に、マーガレットと娘を迎えにアーミッシュタクシーが到着しました。

みんなで見送りに外へ出ます。

タクシーの中にはすでに2人のアーミッシュ女性が乗っていました。

時計を見ると午後3時です。3時半に私のウーバーも迎えに来る予定です。

イッシュ家の末娘ヴァーナと、リアの長女ルーシーに会って帰りたいと思ったのですが、ウーバーのM氏が早めに迎えに来てくれて、この日はアーミッシュの可愛い少女たちの姿を見ることは出来ませんでした。

瓶詰めは32本できて、帰りがけにルースが1本私にくれました。

今日の作業は瓶詰めまでだったので、キャニングはその夜リアが一人でしたそうです。

スープは、キャニングしなくても2週間ぐらいは保存ができます。

でも、折角の新鮮なスープ、早く食べるに限ります。

翌日、温めてランチに食したアーミッシュのハンバーガースープは非常に美味でした。

## 10) きゅうりのピクルス

いつものように朝イッシュ家に行くと、台所と裏口の洗い場にきゅうりが山のように積み上げてありました。

前日に、ルースが自家菜園から収穫したものだそうで、200本位はありそうです。

どれも形がいびつで、かなり汚れています。

「今日はきゅうりのピクルスを作りたい」とルースが言います。

まずは、全部のきゅうりを裏口のシンクで洗いました。

水は貴重なので、ジャージャー流しながら洗うわけにはいきません。

バケツに水をため、ブラシできゅうりの泥を落としコンテナーに入れていきます。

少々水が汚れても換えずにそのまま使います。

水が濃い茶色になったら、バケツを外に運んで、中の水を植木にかけます。

新しい水を入れ、きゅうりを同じように洗い、汚水を植木にやり、その作業を何回も繰り返してきゅうりを全部洗い終えました。

きゅうりは、太さによって丸ごと、半分に切る、スライスの3種類に分けます。

非常に太いきゅうりは、皮を剥いて縦にカットし、種を取って4つ割りにします。

私がきゅうりを切っている間に、ルースが大鍋に調味液を作りました。

大量の酢に砂糖と「Bread & Butter Pickles」という粉末の調味料を加え煮立たせます。液が冷めたらきゅうりを入れた瓶に摘みたてのデール（ハーブの一種）を入れ調味液を注いで、蓋をして密封します。

密封した瓶を、熱湯に浸けて沸騰させキャニングします。

30数本のピクルス瓶ができました。

　私は、実はピクルスが苦手だったのですが、ルースのピクルスは美味しくて、市売品のピクルスとは味が全然違っていました。

　ピクルスは、イッシュ家ではチャーチサービスの時にも振る舞うので、30 数本のキャニングでは 1 年持ちません。

　1 週間後に、ルースとアーミッシュ御用達のスーパーマーケットに行ったら、ルースは、再度きゅうりのピクルスを作るそうで、1 ガロン（3.785 リットル）入りの酢を 3 本、Bread & Butter Pickles を 3 袋購入しました。

　私も、自宅でアーミッシュのピクルスを作ってみようと、Bread & butter Pickles を 1 袋買いましたが、袋に印刷されている作り方の手順を読むのが億劫で、半年たっても手つかずのままです。


　ちなみに、リアの 1 歳半になった娘はピクルスが大好きで、リアの膝に抱かれて一緒に食事をしたとき、ケーキやクッキーには目もくれず、最初から最後までピクルスだけを口にしていました。

　日本で 1 歳半の幼児が、たくあんばかり食べていたら、周りの大人が心配して色々言いそうですが、アーミッシュは細かいことは気にしません。

　アーミッシュの子供たちが、赤子の時からあまり泣いたりせず、どんな場所でもおとなしくしていられるのは、親を含め大人たちが神経質にならず、愛情いっぱいに放任して育てるからではないかと思いました。

　日本の親たちも鷹揚に構えて、愛情一杯の放任主義で子育てしたら、少なくともいじめっ子にはならない気がします。


## 11）黄桃のキャニング

　日本では、桃と言えば白桃ですが、アメリカでは白桃より黄桃の方が主流です。

　昨年、アメリカ人の農場に桃狩りに行った時、たわわに実った白桃がとても美味しそうで、日本の桃を想像しながら試食したら全然甘くなくてがっかりしました。

　桃のキャニングはアーミッシュの定番ですが、白桃にするか黄桃にするか、好みが別れるところです

Ｓ家では白桃、アンナ宅も白桃、キング家は両方、イッシュ家は黄桃をキャニングしていました。

　リアの家で白桃のキャニングを手伝ったことがあるので、ルースとリアで白桃と黄桃を交換したりするのか聞いたら、そのようなことはしないそうです。

　ある日、ルース宅を訪れたら、台所に大量の黄桃の瓶詰めが並べてありました。

　前の晩に、ルースが１人で作業をしたそうです。

　瓶がベとベとしているので、シンクで洗っていたら、ルースが黄桃の入った段ボール箱を運んできました。

　黄桃のキャニングを追加製作したいそうです。

　黄桃は、箱ごとアーミッシュの店で買ったそうですが、通常の販売ルートから外れた商品なので、品質が悪く、傷んだものが多数混じっていました。

　桃は２つ割りにして、種を取り、皮を剥きます。

　身がかなり柔らかいのでナイフで皮を剥くのが難しく、かといって手では剥けず、かなり手間取りました。

　皮を剥いた後、傷んだ部分を切り取ります。

　あちこち傷んでいて、切り取りが一番時間がかかった作業でした。

　私が剥いて傷みを切り取った黄桃を、ルースが適当に切って瓶に詰めます。

　これにシロップを加えて密封した後、熱湯でキャニングします。

　この日、イッシュ家の一年分の黄桃のキャニングが出来上がり、私もルースも満足感でいっぱいになりました。

## 12）ルースとファーマーズマーケットへ

　ランカスターには、有名なファーマーズマーケットが４か所あります。

　名前を挙げると、セントラルマーケット、バードインハンドマーケット、

ルーツマーケット、グリーンドラゴンマーケットです。

　この、4つのマーケットはオープンする曜日がそれぞれ異なっていて、セントラルマーケットは毎週火曜、金曜、土曜日、バードインハンドは、季節によって変わりますが、冬期は、金曜と土曜、ルーツマーケットは毎週火曜日、グリーンドラゴンは毎週金曜日にオープンします。

　セントラルマーケットはランカスターの市街地にあり、アメリカの最古の市場として有名です。訪れる観光客も多く、レンガ作りの美しい建物です。私のアパートは、このマーケットから徒歩1分の所にあります。

　バードインハンドマーケットは、アーミッシュ観光拠点の近くにあり、主に観光客を対象にしたマーケットです。

　ルーツマーケットとグリーンドラゴンマーケットは、ランカスター市民やアーミッシュ、メノナイトが多く訪れる市場で、どちらも、バスの路線から外れているので、車がないと行けません。

　ルースの2人の娘、ファニーとセーラは、アーミッシュ学校の先生になるまで、グリーンドラゴンマーケットの中にあるカフェで働いていました。

　カフェの経営者は、ヘンリーの妹です。

　ファニーは正規の先生になったので、カフェの仕事は完全に辞めましたが、セーラは、月曜日から木曜日まで助手の先生をして、金曜日は今も叔母さんのカフェで働いています。

　2019年8月下旬の金曜日、この日は、姉妹がカフェで揃って働く最後の日でした。

　ルースは、まだ1度もカフェを訪れたことがありません。

　2人の娘が働く姿を見に行くというルースに連れられて、末娘のヴァーナと3人で、ルースが頼んだアーミッシュタクシーでグリーンドラゴンへ出かけました。

　ルースは、カフェは初めてでも、マーケットには以前来たことがあるそうで、少しは勝手がわかります。私は、全く初めての場所なので、どこに何があるのかさっぱり分かりません。

　マーケットは広大で、建物の周辺には日用品から衣類、雑貨、野菜や果物、骨董品を売る店まで、露店がひしめいていました。

カフェの場所がルースにも見当がつかないので、取り敢えず、放射線状に広がった建物の中を1棟ずつ見ていき、カフェを探すことにしました。

建物の中では、生鮮食品の他、アーミッシュ手作りの家具、馬具、宝石、電気製品、機械類など、多種多様な商品が売られていました。

建物の一角に、オークション場があり、セリに出される品々が並べてありました。

全部の棟を回りましたが、屋内にはカフェがありません。

外に出て、露店を巡っていると、通路の脇にカフェの看板があるのを見つけました。

露店の間の狭い小道を入って行くと、突当りにファニーとセーラが働いているカフェがありました。

ファニーが、フライドポテトを揚げていました。

セーラは、接客で忙しそうでした。

奥の方で、やはり親戚の男の子がハンバーガーを作っていました。

お昼時で、お客が立て込んでいます。

ヴァーナは、カウンターの中に入り、手伝いを始めました。

私とルースは、邪魔になるのでカフェを離れてオークションを見に行きました。

私は、オークションを見るのは初めてです。

2人でしばらく椅子に座って見学した後、ルースは、オークション受付の窓口に行ってプラカードをもらってきました。

自分もオークションに参加すると言います。

オークションに参加するには、事前に登録してメンバーになる必要があります。

イッシュ家は、ヘンリーがメンバーになっているので、その登録でルースもオークションに参加できるのだそうです。

私は、最初はオークションの呼び声がおもしろくて会場に留まっていたのですが、何を言っているのか全く解らず、飽きても来たので、1人で

ショップ巡りをすることにして、ルースを残してオークション場を離れました。

外の露店を回っているときに、中国人女性が店番をするショップで、電池をオンにするとスカートが点滅しながらぐるぐる回り、歌も歌う「雪とアナの女王」の人形を見つけました。4歳の孫娘が喜ぶと思い購入しました。

帰宅して、息子のお嫁さんに聞いてみたら、孫娘の中で、もう「雪とアナの女王」ブームは消滅したとのことでした。

値段の割に優れモノのこの人形、来客があるとスイッチを入れてスカートを回して見せ、一緒に歌を聴いて楽しんでいます。

ショップ巡りをして、オークション会場に戻ってみたら、ルースは、何に使うか解らないという金属製の麺棒のようなものと電気のセット、木造の大きな帆船の模型を、どちらも1ドルで競り落としていました。

それらを抱えてカフェに行くと、ヴァーナはカフェの有用な働き手となっており、閉店するまで手伝って、セーラやファニーと一緒に帰ると言います。


送迎を頼んだアーミッシュタクシーが迎えに来るまで、まだ時間があったので、ルースが見たい小動物のオークション小屋に行きました。

小屋の中に、ウサギ、孔雀、鶏、マイクロ豚などいろいろな動物の檻が並べてありました。

夕方5時からオークションが始まるそうで、買う気満々の人たちが品定めをしていました。私たちは、タクシーの迎えの時間が5時なので、オークションを見ることはできません。

オークションが好きなルースはとても残念そうでした。


5時に近くなったので、ルースの知人のアーミッシュの店で、ローストした骨付きチキンをそれぞれ3ドルで購入して、待ち合わせの駐車場へ急ぎました。

アメリカの銀行は夕方6時まで開いています。

ルースは、大きなガラス瓶に1セントを貯めていて、瓶が満杯になったので、この日、機会があれば銀行で換金したいと瓶ごと持参していました。

　この日のドライバーは、親切な人で、回り道をして銀行に寄ってくれました。

　ガラス瓶を抱えたルースについて銀行の中へ入ると、窓口の女性はメノナイトで、他にもメノナイトの女性が数人働いていました。

　ルースが、ガラス瓶を手渡すと、受付の女性は奥へ持って行って機械にかけ、22ドル50セントあったとルースにお札とクオーターを渡してくれました。

　ルースが、タクシー代をいくら払ったのか聞きませんでしたが、降り際にルースは競り落とした帆船をドライバーにプレゼントしていました。


　ルースと家の中に入り、私が洗濯物を取り入れている間に、ルースが熱いミントティーを作ってくれました。

　この日、ヘンリーと息子たちは、オハイオ州の馬のセリを見に行ったので今夜は帰って来ません。セリに行ったのは14人のアーミッシュ男性で、ミニバスを貸し切り2泊の予定で出かけたそうです。

　3人の娘たちは、9時に閉店して、片付けをして、夕食を食べてから帰って来るのでかなり遅い帰宅になります。それまでの間、ルースは1人です。

　夜に1人で過ごすのは生まれて初めてだそうです。

　初めて見るルースの心からリラックスした顔。

「一緒に骨付きチキンで夕食を…」と誘われましたが、ルースにとって生まれて初めての貴重な時間です。

　私は、すぐにゴーゴーグランパに電話をして車を呼びイッシュ宅を辞去しました。

　ルースはこのあと、どんな至福の時を過ごしたのでしょう。


## 13) アメリカ人学生のアーミッシュ体験

2019年10月某日、ルースから突然手紙が届きました。

　アメリカ人の大学生が、2日後の土曜日、イッシュ宅にアーミッシュ体験に来るので手伝ってほしいという内容です。

　正午に昼食を提供するので、その前に来てもらえたら助かるとのこと。

　台所で奮闘するルースの姿が目に浮かびました。

　アーミッシュの頼みごとを断るなんて、私には有り得ません。

　土曜日に予定していたスケジュールは即キャンセルして、「行く！　手伝いに行く！」と留守番電話にメッセージを入れました。


　ルースは、早朝から料理を作っているはずです。

　私も正午よりはかなり早目に、8時に家を出てイッシュ宅に向かいました。

　9時前に到着すると、リビングには教会から借りたベンチで長テーブルが2台組み立てて並べてあり、ファニーとセーラはもう働いていました。

　ニュージャージー州から32人の大学生が引率の先生とバスをチャーターしてやって来るそうです。

　ルースによると、去年、地域のアメリカ人から打診されて受け入れたら、今年も頼まれたとのこと。

　去年は7～8人だったので簡単にもてなせたけど、今年は30人以上来ることになって、あわてて私に手伝いを頼んだとのことでした。

　こんな場に呼んでもらえるなんて、私には夢のような話です。


　今日の献立は、肉団子、マッシュポテト、コーン、コールスロー、グレービーソース、パスタ、パン、アップルソース、イチゴジャム、デザートはウーパイパイ、シューフライパイ、アイスクリーム、飲み物は水です。

　肉団子以外、パスタとアイスクリームはアーミッシュの手作り、その他は全部ルースの手作りです。

　ファニーが、大鍋の中でつぶしたマッシュポテトを、大きなドリルのようなハンドミキサーで撹拌しています。

　バッテリーで動くミキサーだそうです。

　いつもはハンドルを手で回す手動式の器具を使うので、電動式のミキ

サーを所有していたことに驚きました。

　電動のハンドミキサーは、消費する電力が大きいので、特別の場合しか使用しないそうです。

　肉団子は、市販されているパックの冷凍品を鍋に空けて温めました。

　さすがに、肉団子までは手が回らなかったようです。

　冷凍していたコーンをフライパンで炒め、アーミッシュの店で売っている手作りのパスタを茹で、キャニングのアップルソースを開けてガラス容器に移しました。

　その間に、2台の長いテーブルにクロスをかけ、皿とナイフ、フォーク、スプーンを並べました。

　生徒が32人なので、先生とバスの運転手、アメリカ人の世話役、ホストのヘンリーを加えて36人分のテーブルセッティングをしました。

　生徒の1人は、車いすの女子学生だそうなので、長テーブルの端を彼女の席に決めました。


　ヘンリーが、近所のアーミッシュ農家からヘイライド用の荷馬車を借りてきました。

　ヘイは干し草のことで、ヘイライドは、干し草を敷いた荷車を馬やトラクターに引かせて牧草地や農道を走ることです。

アメリカの農村で、収穫が終わった 10 月〜 11 月に行われる催しです。

観光用のヘイライドは、殆どが馬ではなくトラクターに引かせます。

ヘンリーが借りてきた荷馬車はかなり大きくて、2 頭の馬に引かれていました。

全員が一度に乗れそうです。

11 時半ごろ大型バスが到着し、9 人の大学生が下りてきました。

ヘンリーが迎えています。

私たちは、家の中からその様子をみて、たった 9 人？　拍子抜けしました。

ヘンリーが、9 人を馬小屋に案内したあと荷馬車に乗せ、ヘイライドに出かけました。

ヴァーナはずっと父親のヘンリーにくっ付いたままで、学生たちと一緒にヘイライドです。


私たちが少々失望しながらリビングでくつろいでいると、2 台目のバスが到着しました。

ヘンリーがいないので、ルースがあわてて出迎えに飛び出していきました。

「やっぱり 32 人来るんだ！」

台所は、にわかに活気づき、私たちは、残りの料理を注ぎ分けます。

車いすの女子学生には母親が同行していて、男子学生たちが外階段から車椅子ごと彼女を家の中に運び入れました。

女子学生と母親が洗面所を使っている間に、ルースが学生たちを馬小屋に案内しました。馬小屋の見学が終わってルースと学生たちが出てきたところに、ヘンリーの荷馬車が戻って来ました。

学生たちと先生が全員荷馬車に乗り込み、9 人は 2 度目のヘイライドです。


私たちは、車いすの女性を席に案内して、皆の帰りを待ちました。

ヘイライドは、車が通る外の道路には出ず、イッシュ家の農場を回るだ

けなので、そんなに時間はかかりません。

　全員のコップに水を注ぎ終わったところで、学生たちが家の中に入って
きました。

　バスの運転手が2人だったため席が足りず、あわてて1人分のセッティ
ングを追加しました。

　車いす女子学生の母親を会食に誘いましたが、ランチを持参したので結
構とのことでした。

　ファニーとセーラと3人で、料理を運んでテーブルに並べると学生たち
から歓声が上がりました。

　多分、質素な食事を想像していたのに、何種類もの料理が出てきたので
嬉しい驚きだったのでしょう。

　学生たちも、もてなす私たちも全員がハッピーな気分になりました。


　デザートを食べ終わった頃に、ヴァーナが1人で歓迎の歌を歌い始めま
した。

　途中から、ファニーとセーラが加わって、三部合唱になりました。

　きれいな歌声に、みんな話を止めて聴き入ります。

　歌の後、ファニーが、アーミッシュ学校について話をし質疑応答が始ま
りました。

　車いすの女性が積極的に発言します。

　大学教授からも質問があり、ヘンリーが答えます。

「現代のテクノロジーとどう折り合うのか？」

「規則はどうやって決めるのか？」

　私も大いに関心がある質問だったのですが、語彙力が乏しい私は、質問
も答えも詳細が理解出来ず残念でした。


　ルースから、ヘンリーとルースを写さない限り写真を撮ってもいいと言
われていたので、私はカメラを持ってテーブルの間を移動しました。

　移動の途中、あちこちで私がなぜそこにいるのか聞かれました。

　アーミッシュではなく、アメリカ人でもない、日本人の私が、イッシュ

家の人たちと一緒に彼らをもてなしているのが不思議だったのでしょう。

　アメリカ人の世話役が、私の名まえを言って、「日本人でルースの友人」と紹介してくれました。

　学生たちは全員スマホを持っていたにも関わらず、私がカメラでファニーや会食の様子を写しているのを見ても、誰1人写真を撮ろうとはしませんでした。

　きっと、引率の教授に、アーミッシュに写真はタブーであると説明を受けていたのでしょう。

　写真を撮りまくる私は、それだけでも彼らには奇異に映ったはずです。
「なぜ日本人の私がアーミッシュと親しく交わることが出来るのか？」
　彼らの疑問に答えるには、私の英語力と時間が足りませんでした

## 14）末娘のアーミッシュ学校を訪問

　ルースに連れられて、ヴァーナの学校を初めて訪問したのは、2018 年12 月中旬でした。私にとっては、3 校目のアーミッシュ学校訪問です。

　アーミッシュが多数住んでいる地域なので、生徒数が多く、50 名弱在籍しているとのこと、全員がオールドオーダーアーミッシュの子供です。

　学校は、外見こそ他のアーミッシュ学校と変わりませんが、中に入ると真ん中から壁で仕切られ、2 教室になっていました。

　1 年生から4 年生、5 年生から8 年生が同じ教室で学ぶそうです。

　ヴァーナは2 年生なので、私たちは1 年生から4 年生のクラスを見学しました。

　教室に入ると、後方の台の上にホットプレートが2 台置いてあるのが見えました。

　アルミ箔で包んだ生徒たちのランチが乗せてあります。

　四角いアルミの弁当箱も1 個乗っていました。

　それにしても、「ホットプレート⁉」驚く私に、ルースが説明してくれました。

　この学校は、以前メノナイトの学校で、アーミッシュが買い取ったのだ
そうです。

　メノナイトは、電気を使っていて、電気の設備はそのまま継続したとの
こと。

　そういえば、教室にストーブがありません。冷暖房はエアコンなのだそ
うです。

　教室にストーブがないと、薪や石炭を運んで灰の始末をする必要はない
し、ストーブがない分部屋が広く使えるし、先生にも生徒にもいいことば
かりです。

　ルースに、他のアーミッシュ学校から非難されたりしないのか訊いたら、
アーミッシュが建てた学校ではないから大丈夫、公共の電気使用も、個人
の家なら許されないけど学校だから誰も文句は言わない、とのことでした

　ヴァーナのクラスは、低学年なので、キャップを被った女子生徒は１人
もいませんでした。

　女生徒のドレスは、青や小豆色、藤色、空色、灰色、紫色で後ろでボタ
ンで止める型です。ドレスの上に着けた黒いエプロンから覗くボタンは
様々で、金具だったりプラスチックだったり、大きなボタンが１つだけ付
いていたり、ドレスを作った母親の個性が見える気がしました。

　前方の黒板には、4 等分に線が引いてあり、それぞれ学年ごとに課題が書いてありました。

　2 年生用の黒板に書いてあったのは、英語の単語で、with、mother、a、you、on、jump

　文章を正しく組み立てる勉強でしょうか。

　昼近く、ルースが先生に話をして私が折り紙を教えることになりました。

　5 〜 8 年生がいたらチャイニーズスター（手裏剣）や折鶴などを教えるのですが、低学年なので、複雑な折り紙は無理です。

　持参した新聞紙を配ってカブトを折ってもらいました。

　低学年のアーミッシュ少女は、キャップを被っていないので女の子も頭に被れます。

　カブトを被ったまま次の授業を受ける生徒もいて、楽しい雰囲気になりました。

　ランチの時間になったので、私たちは、私が前日に作った 33 個の折り紙の T シャツを先生に渡して辞去しました。

　翌週、12 月 18 日には、当学校で、全生徒によるクリスマスパフォーマンスが開催されます。私も招待してもらったのでもちろん出席するつもりです。


## 15）アーミッシュ学校のクリスマスパフォーマンス

　ヴァーナの学校のクリスマスパフォーマンスには、2018 年 12 月と 2019 年 12 月の 2 回、2 年続けて出席しました。

　パフォーマンスは、日本の学芸会のようなもので、全生徒が、父兄や招待客の前で歌を歌ったり、詩を朗読したり、寸劇を披露したりします。

　生徒の家族全員と祖父母や親戚が大勢観覧するので、一度では会場に入りきれないため、どの学校でも会は 2 回、昼間と夕方に開催されます。

　ヴァーナの学校では、午前 12 時半と午後 7 時からの開催でした。

　招待客の殆どは昼間に観覧し、終演後に先生への感謝のセレモニーがある 2 回目の会には、生徒のほぼ全家族が集まるそうです。

オープニングは、全校生徒と先生の合唱です。

4～5曲続けて聴かせてくれました。

舞台の前にはシーツで幕が作ってあって、演目が始まるたびに、幕の間から2、3人、時には1人の子供が出てきて出し物の紹介をします。

寸劇も、コントもユーモアのあるものばかりで、笑い声が絶えません。

シナリオは、すべて先生が考えるそうです。

セリフは英語ですが、中にペンシルバニアダッチで演じられた劇があって、アーミッシュは、同じところで全員笑い転げたのですが、ペンシルバニアダッチを解さないアメリカ人の観客はきょとんとした顔をしていました。

ペンシルバニアダッチどころか、英語もよく解せない私は、歌以外は最初から最後までずっときょとんとしていました。

私は、初めて出席した昨年はルースと2人で、2年目の今年はヘンリーと3人で観覧したのですが、イッシュファミリーは、今年、2回目の7時の会には、家族全員とヘンリーの実家の親兄弟姉妹が揃って出席するそうです。


日本で、今の時代、家族総出で参加する学校の催しがあるでしょうか？

60年前の日本では、小学校の運動会や学芸会に家族全員、たまには祖父母や親戚も加わって観覧する光景は普通に見られました。

現在、家族ぐるみ、或いは地域ぐるみで小中学校の運動会に参加するのは、過疎地や限界集落の人々ぐらいではないでしょうか。

アーミッシュは、日本人がとっくに放棄した、家族団欒の機会を当たり前に継承しています。

日本で一族郎党が集うのは、お葬式の時ぐらいですが、それも最近は、親戚を加えない家族葬が好まれる傾向にあります。

テレビも映画も見ないアーミッシュには、娯楽としてみんなで集まる機会が多々あります。引き籠ったり、いがみ合ったりしてはいられません。

アーミッシュの社会には、親を殺めたり、我が子を虐待したりの悲惨な事件は起きません。

　実は、60 〜 70 年前まで、日本でも、子どもが実の親を殺したり、親が子どもを虐待して死に至らしめることなど考えられませんでした。

　いつからこんな悲しい事件が頻発するようになったのでしょう。

　アーミッシュは、社会生活に必要な読み書きと、計算の仕方を 8 年間の学校教育で学び、生きていくうえで大切な人との接し方、心の持ち方、事の処し方を生まれた時から、家庭や教会で学びます。

　日本人は、小学校から大学まで 16 年も学校へ行って、結局、何を習得しているのでしょう？

## 16）お化けサツマイモ

　アメリカのスイートポテトは、日本のサツマイモほど甘くありません。

　スイートポテトには二種類あって、1 つは、見かけが日本のサツマイモにそっくりの、皮が小豆色で中はオレンジ色の芋、もう 1 つは、皮が白くサツマイモらしくない芋です。

　中がオレンジ色の芋はいかにもおいしそうに見えますが、食べ比べてみると白い芋の方が甘いのです。

　それでも、どんなに甘い芋でも、日本の甘くな〜いサツマイモにも及びません。


　イッシュ宅の前庭では、朝晩の冷え込みで枯れてしまった花々や、フェンスに絡まった蔓がそのままになっていました。

　ルースが、チャーチサービスの前に綺麗にしたいというので、2 人でハサミを持って外へ出ました。

　地下室の入り口に通じる道脇には、大きな葉が茂った地を這う蔦が植わっていて、完全に枯れています。

　ルースはその蔦を切り取り始めました。

　私は、家の横手で、まだ半分色が残っている藤色のクレマチスの枝を伐ったり、オリヅルランの枯れた葉を切り取ったりしていました。

　枯れ葉がある程度溜まるとルースの傍に留めてある一輪車に運びます。

ルースは、地を這う蔦と格闘していました。

　一輪車をみると、枯れた蔦の下に、ラグビーボールぐらいの大きな芋が何個も乗せてあります。どう見てもサツマイモです。

　捨てに行こうとするルースをあわてて引き止めました。

「その芋をどうするの？」

「この芋は蔦を鑑賞するもので食べられないから捨てる」と言います。

「それは、サツマイモで食べられるのよ！　捨てるなんてもったいない」

「でも、アーミッシュは誰もこれは食べないわ。葉っぱが茂ってきれいなので花壇に植えたのよ」

「お願い捨てないで。日本では、これは普通に食べる芋なのよ。私が料理してみるから」

　作業はまだ終わりませんが、お昼になったので、私とルースは大きな芋と小ぶりの芋を持って家に入りました。


　先ず、味を確かめることが大事なので、小ぶりの芋は輪切り、大きい芋は４つ切りにして、両方の芋を茹でてみました。

　細胞が大きいのか日本の芋に比べて直ぐに火が通りました。

　日本のサツマイモと似た味です。アメリカの、白いスイートポテトより余程甘く感じます。ルースも試食して「甘い！」と驚きました。

　まだ地面の中に芋が残っているはずです。

　ルースと私は、ランチもそこそこに芋の花壇に戻りました。


　私が花壇に上がり地面を掘り起こすと、ルースが取り残した芋が次々に出てきました。大きすぎて私１人では取り出せず、ルースと２人がかりで引っ張った芋もありました。

　こんな大量の芋をどのように保存したらいいのか、ルースは嬉しいながらも困惑気味です。「日本で私が子どもだった時、我家に芋畑があって、収穫した芋は小屋の中に掘った穴にもみ殻を入れて埋めていたわ。それで半年以上大丈夫だった」

ランカスターにはもみ殻などないので、ルースは取り敢えず地下室の食糧庫に入れておくことにしました。

サツマイモは段ボール2箱分ありました。

ルースは、家族が帰宅するたびに芋掘りの顛末を話し、マリコのお陰で、と感謝してくれました。

私が、「今度のチャーチサービスの時にこの芋を使ったら、大量にさばけるんじゃない？」と言ったら、ルースはそうすると言っていました。

私が帰る時に、掘り出したばかりのサツマイモを何個も持たせてくれましたが、如何せん大きすぎて…持て余しています。


### 17）アーミッシュ女性は何着て寝る？

ある朝イッシュ家に行ったら、セーラが、リビングに設置された鏡の前で髪をほどいてブラシをかけていました。

後ろで丸く結っているときには想像もできなかった波打ったブロンドの長い髪です。きらきら輝いて背中で揺れています。

「わーっ、きれいな髪！」思わず感嘆の声が出ました。

「ありがとう」セーラは誉められて嬉しそうです。

アーミッシュは神から与えられる生得の容姿や才能を褒めることはしないので、セーラが誉めてもらったのは、生まれて初めてかもしれません。


アーミッシュの女性は、教会の掟により生涯髪を切りません。

髪を伸ばし続けると、そのうち地面に届きそうですが、ルースの髪も腰丈です。

　人間の髪は、ある程度伸びたら止まるのでしょうか？

　ルースに、本当にアーミッシュ女性は髪を切らないのか聞いたら、「髪が多くて、後ろで結った時にお団子が大きくなりすぎる人は、密かに切ったりする。ファニーは、たまに切っている」とのことでした。

　アーミッシュ女性は、一切お化粧をしません。

　以前、ベネフィットセールに行ったときに若いアーミッシュ女性を多数観察しましたが、お化粧をしている女性は皆無でした。

　ただ、唇が異様に紅い女性がいて、私は口紅を塗っていると確信しましたが、後日リジーに話すと、「濃いピンク色のリップクリームを塗っていたんじゃない？」と言っていました。

「アーミッシュ女性は、一体何を着て寝る？」

　ずっと疑問に思っていたので、ルースに聞いてみました。

　ルースは、自分の寝間着を見せてくれました。

　昔、日本のおばさん達が着ていた、「あっぱっぱっ」と呼ばれる袖なしのストンとしたひざ丈のワンピースです。

　生地は、厚手のガーゼで、白地に紫の花柄でした。自分で作ったそうです。

　傍にいたヴァーナが自分の寝間着を持ってきました。

　肩紐が付いたスリップのような短いワンピースです。

　サテン地で茶色い花柄、ルースがアメリカ人のガレージセールで買ったそうです。

　やっぱり、アーミッシュのあのドレスを着て寝るわけではありませんでした。

　ヴァーナが冬用の寝間着も出してきて見せてくれましたが、こちらは長袖のネルのワンピースでした。花柄で、ルースが縫ったそうです。

　ファニーやセーラは、Ｔシャツを着て寝るそうですが、下はズボン？？

　実は、アーミッシュ女性はズボンを履いてはいけないのです。

　男は長ズボン、女は長いスカートと決まっています。

　でも、ファニーもセーラもジャージの上下を持っています。多分、冬は
ジャージを着て寝るのでしょう。

　ルースは、いまだにズボンは履いたことがないと言っていました。


　リジーとバーバラに聞いたら、2人とも寝巻用に作ったワンピースを着
て寝るそうです。色は無地で、冬用は白色のネル地だそうです。

　リジーもバーバラも、ズボンは履いたことがないそうです。

　それにしても、アーミッシュの洗濯日に、花柄のワンピースや女性用の
ズボンが干してあるのを見たことがありません。

　翻っているのは、無地のドレスに無地のシャツ、黒いズボンです。タオ
ルでさえ全部無地です。

　アーミッシュにあるまじき衣類は、人目に付かないところに、そおっと
干すのでしょうか。

　ちなみに、アーミッシュ男性は、夏は、ランニングに下着のパンツ姿で
寝るのが一般的なようです。


## 18）イッシュ家の四方山話

　三男アイサックの趣味は、鹿の角の蒐集です。

　ルースが、彼がいない時に部屋に案内して見せてくれました。

　鹿の顔のはく製や、立派な鹿の角が部屋中に飾ってありました。

　先日、ヘンリーが「今日は、鹿の肉を食べる、息子が獲ってきたから」
と言っていたので、これらの角は、アイサックがこれまでに仕留めた鹿の
角なのかもしれません。

　アイサックのように猟を趣味にするアーミッシュ男性は、ライフル銃を
所有しています。

　では、短銃（ピストル）を所持するアーミッシュはいるのでしょうか？

　狩猟用のライフル銃はまだしも、アーミッシュに、ピストルはそぐわな
い気がしますが、ライフル銃とピストルは大抵セットで保管してあるそう
です。

　ルースは、アーミッシュが狩猟の時以外に、銃を持ち歩くことはあり得

ないと言っていました。

　イッシュ家の裏庭には、現在、木造のグリーンハウスが展示してあります。
　6畳ぐらいの大きさで、小さなバンガローを思わせる素敵な建物です。
　イッシュ家の結婚している大工の息子が造りました。値段は、2000ドルです。
　このグリーンハウス、未だ買い手がつきません。

　ルースは、書くことが好きで頻繁に新聞に投稿します。
　その新聞はランカスターのアーミッシュ、メノナイトの間でよく読まれる新聞です。
　ある時、私の友人が、知り合いのアメリカ人女性とアーミッシュの話をしていて、ルースの名前を出したら「その名前知ってる！」と言われたそうです。
　その女性は、アーミッシュ新聞を購読していて、紙上でルースの名前をよく見かけるので覚えていたのだそうです。
　ルースにその話をして「ルースは有名人！」と言ったら、
「私よりもっと投稿する人がいるけどねぇ」嬉しそうに謙遜していました。


## 4. キング家にまつわる話

### 1) リジーはハーブの専門家
　実は、リジーの母親バーバラは、6～7年前からガンを患っています。
　背骨の上部に腫瘍ができ、癌だと診断されたそうです。
　バーバラは、病院での化学療法による治療はせず、自宅での自然療治を選択しました。
　具体的には、毎日キノコで作った薬茶を飲み、自家製の羊乳のヨーグルトや、ヨーグルトの素になるケフィアを常食しています。
　小麦粉で作られた食品は食べません。毎日、獲りたての新鮮な野菜を食

べるように心掛けています。

　リジーは、10 代の頃から趣味でハーブを栽培していたのですが、母親の病気が発覚してからは、独学で薬草の勉強をし、その効能を知る専門家になりました。

　庭で多種多様のハーブを栽培し、養蜂も行っています。

　みんな体調が悪くなると、リジーを頼って薬をもらいに来るそうです。

　リジーは、人間のみならず、馬や牛、犬にも薬草を処方します。

　リジーの腕には、鉈で切った痛々しい傷跡があります。

　多量の出血をハーブの葉を当てて止め、病院へは行かなかったそうです。

　傷跡からして、どんなに大変な怪我だったか想像がつきます。

　日本人なら病院へ行かない人はいないでしょう。

　リジーの精神力の強さを物語る傷跡です。


## 2) リジーの一日

　朝晩の冷え込みが厳しくなってきたある日、ジェニーの夫、ダンの車に同乗して、早朝キング宅を訪問しました。

　キング夫妻は留守で、リジーが 1 人でダンと私を迎えてくれました。

　ダンはリジーの上司で、2 人はリジーの家から 4 マイルの所にある高級老人ホームで働いています。

　ダンの出勤時間は、7 時なので 6 時半にキング宅に来ました。

　ダンは、私を降ろし、リジーと二言三言、言葉を交わして職場に向かいました。

　晩秋の早朝 6 時半では、外はまだ真っ暗です。

　リジーは、ランプの灯りを頼りに洗濯物を干していました。

　リジーの 2 人の弟は、両親より先に仕事に出かけ、全員不在なので、今日のキング宅でやらねばならない仕事は、全部リジーがやるのです。

　キング夫妻は、前日、突然親戚の女性が亡くなったという知らせを受け、葬儀に出席するため出かけたのでした。

死因は自殺で、その女性は鬱を患っていたそうです。

　アーミッシュに自殺は厳禁なので、以前は、自殺の場合は葬儀はせず、内密に埋葬したそうですが、現在は、自殺であることを隠すことはなく、葬儀も普通通りに行うようになったそうです。

　近年、鬱になるアーミッシュ女性が増えている、とリジーは言っていました。


　リジーは、洗濯物を干し終わった後、先ず、前夜出産したばかりで、衰弱している母牛の世話をしました。

　生まれたばかりの子牛は、よろよろして、ちゃんと立てず母牛の乳首に吸い付くことが出来ません。母牛も立つのがやっとで、直ぐに座ろうとします。

　リジーは、母牛が座ろうとすると電気ごてを母牛に当てて無理に立たせます。

　母牛が立っている間に、リジーは子牛を抱きかかえて乳首に吸い付くよう誘導します。何回も何回もやり直して、やっと子牛がお乳を飲み始め自力で母牛のお腹の下に立ちました。

　子牛におっぱいをやっている母牛は、もう座ろうとはしません。

　リジーの奮闘が実りました。

「母牛に電気ごてを当てるのはつらいけど、母子を生かすためには仕方がないの」

　リジーは本当に辛そうでした。

　母牛の授乳を見届けると、次は８頭いる馬の世話です。

　干し草を食べさせ、一頭ずつ水飲み場に誘導します。

　馬は、囲いのドアを開けられると、自ら水飲み場へ行き、飲み終わったらちゃんと自分のブースへ戻りました。

　なんて躾の行き届いた賢い馬だろうと感心しました。


　８頭の馬が食べる干し草の量は相当なものです。

　家畜小屋の２階にある干し草置き場から、床に空いた穴を通して干し草

を何個も下に落とします。

　全部の馬に均等に分けられる絶妙な場所に穴が開いています。

　私が上から干し草を落とし、リジーがそれを飼い葉桶に分配していく共同作業で馬の餌やりは終わりました。

　アーミッシュの農家では、時々この穴から小さい子供が落ちて死ぬ事故が起こるそうです。大人でも落ちたら怪我をするので、普段は穴に蓋を被せて塞ぎます。

　リジーは、蓋を被せるのを忘れてドキッとすることがあると言っていました。


　広い家畜小屋には、馬の他に山羊、羊、乳牛、生後 5 日目の子犬 6 匹もいました。山羊は数匹ですが、羊は 70 匹、乳牛も 10 頭ぐらいはいます。

　私は、畜舎の掃除は手伝いましたが、牛や羊をプラットホームに誘導して搾乳する作業はできないので見ているだけでした。

　普段、動物の世話は父親の仕事なのですが、父親が不在の時はリジーが全て受け持つそうです。

　動物の世話が終わった後は、家に戻って母親に飲ませるきのこ茶作りです。

　日本の梅酒の瓶ぐらいの大きなガラス瓶に、直径 10 センチぐらいの大きなキノコを入れ、紅茶を煮出した汁を注いで密閉します。全部で 8 瓶作りました。毎週同じ量を作るそうです。

　このきのこ茶のことを、アーミッシュの言葉、ペンシルバニアダッチで“コンブチャ”と発音します。

　リジーが“コンブチャ”と言うたびに、私は、日本の“昆布茶”を想像してしまいました。

　リジーは、コンブチャを作っている間も、時々、子牛の様子を見に行きました。


　お昼になったので、2 人で昼食の用意です。

　リジーは、フライパンにバターを溶かし、食パンを温めてチーズとハム

を挟んだサンドイッチを作りました。

　私は、ご飯の上に甘辛煮のひき肉、卵、人参に青菜を散らしたそぼろ丼を、多めに作って持参したので、2つのお皿に盛り分けて、リジーに1皿渡しました。

　リジーもサンドイッチを半分くれました。

　どちらも美味しく、搾りたての生乳と、コンブチャを飲んで2人とも大満足しました。


　毎朝4時に起きるリジーは、毎日の習慣で、昼食の後20分間お昼寝をします。

　私にも休むよう勧めて、2階の客用のベッドに案内してくれましたが、私は眠くはなかったので書き物をして過ごしました。

　リジーは、きっかり20分昼寝をして起きてきました。

　再度、子牛の様子を見に行き、午後はケフィアの加工です。

　ケフィアにミルクを入れて、麹をつくります。1時間ごとにかき混ぜるとホエが出来ます。ホエは、正直臭くて不味い飲み物でした。

　キング宅では、70匹の羊から毎日羊乳が搾れるので、牛乳と混ぜてヨーグルトを作り出荷しています。ホエ作りは母親の仕事なのですが、不在の時はリジーの仕事になるのです。

　3時を過ぎたので、洗濯物を取り入れて畳みました。

　完全には乾いていませんが、大体のところで妥協します。


　3時半になりました。私はダンが迎えに来るので帰り支度です。

　リジーは、4時にはまた家畜の餌やりをしなければなりません。小屋の2階から干し草を落とす作業から始め、馬に水を飲ませ、鶏に餌をやり、子犬の世話をして、子牛の様子を確認します。

　2人の弟が、お腹を空かせて仕事から戻って来るので、夕食作りも必要です。

　この日は、薬草の世話などの畑仕事はしませんでしたが、両親が家に居て家畜の世話がないときは、リジーは自家用の野菜の栽培とハーブ畑の草

取りに精を出します。

　キング宅には、数えきれないほど訪問してリジーの仕事ぶりを見てきましたが、リジーほど家族のために働く女性は今まで見たことがありません。

### 3）リジーは働き者

　リジーは、ランデスホームという高級老人ホームでパートタイムで洗濯の仕事をしていますが、その他に、アメリカ人の家庭で週に2日掃除の仕事をしています。

　アーミッシュの女性は、正直で、真面目に働くので、お金持ちのアメリカ人からお掃除の仕事に引っ張りだこです。

　リジーは、ランデスホームで働くときには自転車で通勤します。

　アーミッシュの自転車は、ペダルがなく足で蹴って進むスケーターのようなものです。

　車の往来が少ない裏道を通りますが、スケーター型の自転車で4マイル走るのは大変です。ホームの近くでは、信号のないハイウェイを横切らねばならないそうで、その時は、無事に横断できるようにと毎回神に祈るそうです。

　雨の日はどうやって通勤するのか聞いたら、小止みになるよう、やはり神に祈って、濡れながら行くそうです。

　土砂降りの時は、車で通勤している同僚が送迎してくれるそうです。

　では、アメリカ人の家庭へ掃除の仕事に行くときはどうするのでしょう？

　実は、依頼主のアメリカ人が車でリジーの家まで迎えに来てくれるそうです。

　そして、その家の掃除が終わったら、次の依頼主の家まで送ってくれるのだとか。そうして、一日に2～3軒、多い時は、4軒の掃除をしているそうです。

　往復送迎があるので、交通の心配は全くしないで済むので助かる、とリジーは言っていました。

「それらのアメリカ人たちは、リジーが掃除をしている間、何をしているの？」

「パソコンを使って仕事をしていたり、本を読んだり、テレビを視たり」

しているそうです。

　お金を払って、送り迎えまでして他人に掃除に来てもらうより、自分で掃除する方が余程ましな気がしますが、お金持ちのアメリカ婦人は大抵、爪の手入れにお金をかけているので、バスルームをタワシでごしごしなんてしたくないのでしょうね。

### 4）シスターズデイ

　今日はキングファミリーのシスターズデイです。

　バーバラの娘全員が集まります。リジーはバーバラの実の娘ですが、あとの５人は息子のお嫁さん、リジーの義理の姉妹です。

　娘たちと、女性だけで賑やかに過ごす時間は、バーバラが最も好きな時間だそうです。

　ちなみに、実の娘が６人いるルースは、夫と子供たちが出かけあと、１人で自分のためにコーヒーを淹れて、ゆっくり新聞を読むのが至福の時だと言っていました。

　アーミッシュ社会には、シスターズデイの他に、ブラザーズデイ、カズンズデイ（いとこの日）などがあります

　今日の、シスターズデイの催しは、ビーツのキャニング（瓶詰め）です。

　バーバラが、近所のアーミッシュの農家からオーガニックビーツの２級品を大量に買ったので、皆でそれを洗って茹でで皮をむき、カットして瓶に詰めるのです。

　私が午前８時に訪問したときには、すでにハリスバーグに住むお嫁さんが、赤ちゃんをチャイルドシートに乗せて、アーミッシュタクシーに乗って到着していました。

　他のお嫁さんたちも、次々にやって来ます。

　みんな、赤ちゃんや、幼児を連れていました。１人は、アーミッシュタ

クシー、2人は、自分で馬車を駆っての到来です。

　最後に隣のグランパハウスに住むお嫁さんと3人の幼児がやってきて、シスターズデイが始まりました。

　先ず、お嫁さんたちが、それぞれ持参した手料理をテーブルに並べました。

　それから、不要品や着なくなった自分の服、子供服や赤ちゃん用品等を床に並べて交換会です。

　お金のやり取りはなかったので、不用品のお譲り会のようです。

　リジーは、おもちゃを出してきて、小さな姪や甥たちと遊んであげています。

　バーバラは、赤ちゃんを抱いてあやしています。

　みんなで集まるのは久しぶりらしく、ペンシルバニアダッチで話が弾んでいました。

　和やかで、みんな楽しそうで、バーバラが、至福の時だというのが頷けました。


　私は、台所の食卓の椅子に座って、5本用意されたナイフの1本を手に取って茹で上がったビーツの皮むきを始めました。

　目の前の、たらいのような大きなボウルにビーツが山と積まれています。

　これで全部ではありません。これから、同じ量のビーツを次から次に茹でるのです。

　バーバラも、何個キャニングすることになるか見当がつかないと言っていました。

　不用品交換会が終わって、お嫁さんたちが食卓に集まってきました。

　みんなで皮むきが始まりました。

　大きいものは少なく、ほとんど小型の卵ぐらいの大きさです。

　ビーツの皮は、茹でてあっても手では剥けず、2級品のせいか形がいびつで、小さいものは非常に剥きづらいのです。

　お嫁さんたちは、赤ちゃんが泣き出したり、幼児がトイレに行きたがったりして、交代で休みますが、私は一心不乱に皮むきに専念しました。何

百個も剥きました。

　昼時になり、バーバラが、リビングルームにテーブルを２台くっ付けてテーブルクロスを広げ、ランチの用意を始めました。

　お嫁さんたちが、持参した料理を皿に移したり、スープを温め直したりします。

　ランチは、ビュッフェスタイルで、テーブルの上に、茹で卵のマヨネーズ詰め、ベビーリーフのサラダ、具だくさんのヌードルスープ、ポテトチップ、ウーパイパイ、クッキー、ケーキが並びました。

　私は、五目ずしを作って持参しましたが、お寿司は疎かご飯を食べたことがある人は１人もいなくて、誰も手を出そうとしません。

　私が、使った具材と、日本の家庭料理であることを説明しても、リジーと兄嫁の１人がほんの少し口にしただけでした。

　リジーが、「私は好き！」と言ってくれたので、残りはそっくり置いてきましたが、多分、鶏か羊の餌になったと思います。

　私たちが剥いたビーツの皮も、鶏と羊の餌になるそうなので、動物たちは、五目ずしとビーツの皮と、どちらを好んだか知りたいところです。


　余談ですが、後日リジーとバーバラを私のアパートに招待し、ランチをご馳走したときに、洋風の献立に添えて太巻きを供しました。

　私が、これは「お寿司」で、五目ずしと同じ味がする。五目ずしを、ご飯と具材に分けて海苔で巻いたもの、と説明すると、五目ずしを口にしたことがあるリジーが、フォークに刺して口に入れました。
「美味しい！　お母さんも食べてみて！」

　バーバラも、恐る恐る口にして「ほんとに美味しい」と言いました。
「きっとお父さんも好きだと思う」「息子たちも好きかも」

　私は、余分に作っておいた太巻きを全部持ち帰ってもらいました。

　その後、キング宅で私が太巻きとかっぱ巻きの作り方を実演し、各自に巻かせてみたことから、キングファミリーは海苔巻きが大好きになりました。

　昼食後は再び皮むき作業、やっと全部のビーツが茹で上がり皮むきが続きます。

　剥かれたビーツを、バーバラと兄嫁がカットし、リジーが漏斗を使って瓶に詰めます。

　この瓶詰めを、隣に住む 4 歳の女児が食卓の上に座って手伝います。

　慣れた手つきで、安心して任せられる感じです。

　他の幼児たちは、自分たちだけで遊んでいます。

　幼児たちが、教会用の歌の本を出してきて木製の低いベンチに並んで座りました。

　読めるはずのない本を 1 人ずつ手に持ち、適当にページを開いて、声を揃えてアウスブントを歌い始めました。

　1 番年長の 3 歳ぐらいの女の子が「次は 29 番」と英語で言います。

　またみんなで、御詠歌のようなヒムを声を揃えて歌います。

　幼児らの会話は、全部ペンシルバニアダッチなのに、なぜか 29 番だけ英語で言えるらしいのです。

「なぜ 29 番なの？」リジーに聞いたら、

「さあ…」リジーにも分からないようでした。

　喧嘩はせず、大声で騒ぐこともなく、ぐずりもせず、歌の本を開いてヒムを歌い和む。

　アーミッシュの 3 歳にも満たない子供たちの遊びです。


　5 人のお嫁さんたちに、何歳で洗礼を受け、何歳で結婚したのか聞いてみました。

　洗礼については、16 歳で受洗　3 人、17 歳で受洗　2 人

　結婚した年齢は、20 歳　2 人、21 歳、22 歳、23 歳　各 1 人

　全員 16 歳、17 歳で受洗していました。

　洗礼を受けると、教会のルールを破ることはできません。

　ラムスプリンガ中に、少々は大目に見てもらえる若者にありがちな振る舞いも、一切許されません。

　誰一人 SUSHI（寿司）を知らなかったのも頷けます。

寿司店があるようなところへは行ったことがないでしょうから。

ビーツが入れられた瓶に、兄嫁が調味液を注いでいきます。調味液は
バーバラが調合して作りました。

まだ皮むきが終わらないうちに、一番遠いハリスバーグから来ていたお
嫁さんのアーミッシュタクシーが迎えに来ました。3時に約束してあった
そうです。

お嫁さんは、チャイルドシートに赤ちゃんを乗せ、ビーツの瓶詰めを2
個もらって帰っていきました。

アーミッシュは、普通、長い距離をたった一人でアーミッシュタクシー
に乗るような不経済なことはしません。事前に同乗者を募り、割り勘で利
用します。

今回は、バーバラが予定外にビーツを大量に入手し急遽シスターズデイ
を設定したので、同乗者を探す暇がなかったのかもしれません。

あるいは、このお嫁さんは一番若いので、お金のことより、アーミッ
シュタクシーを一人で利用する気楽さを優先したのでしょうか。

茹でたビーツの皮むきが終わり、カットも完了しました。

でも、ビーツを入れる瓶が足りません。

お嫁さんたちは、カットしたビーツをジップロックの袋に入れました。

持ち帰って各自でキャニングするようです。

馬車で来たお嫁さんの1人は、自分でまた馬を走らせて帰って行きまし
た。

もう1人のお嫁さんは、夫が来るまで待ちました。そして、アメリカ人
の車に乗ってキング宅へやってきた夫と、一家揃って馬車に乗って帰りま
した。

アーミッシュタクシーで来たもう1人のお嫁さんは、夫がアーミッシュ
タクシーに乗ってキング宅へ迎えに来て、そのままお嫁さんと子供たちを
乗せて帰っていきました。

　隣のグランパハウスに住むお嫁さんが最後まで残って、おもちゃの片付けをしてくれます。私は、箒と塵取りを持って部屋の床掃除です。

　リジーとバーバラは、沸騰したお湯にビーツの瓶を入れてキャニングです。

　キング家でキャニングに使う鍋は、日本のコンビニでおでんが入れてあるような、ステンレスの四角い容器です。

　この鍋にたっぷりのお湯を入れ、ビーツはすでに茹でてあるので 20 分程度煮沸します。

　それでも、1 度に沢山はキャニングできないので、相当時間がかかるでしょう。

　後日、何個キャニングしたか聞いたら、70 個とのことでした。


## 5）馬もハッピー

　今日は、リジーと私で馬車に乗って出かけます。

　どの馬にするか決めるため、2 人で厩舎にいきました。

　キング家には、出かけたがり屋の馬と、気が乗らないそぶりをする馬と、どっちでもいい風の馬がいます。

　出かけたがり屋の馬は、リジーの父親が農作業に連れて行ったのでいません。

　リジーは、どっちでもいい風の、おとなしい馬を選びました。


　囲いから出して、丁寧にブラシをかけます。馬のメーキャップアンドドレスアップです。私はしませんが、日本人が出かける前に車をきれいにするのと同じです。

　それから、リジーは、ハーブ畑に行ってコンフリーという薬草の葉っぱを摘んで来ました。馬の好物なのだそうです。これを食べると、馬は少し興奮状態になるんだとか。猫にマタタビ、ポパイにホーレン草みたいなものでしょうか？？

　馬の背に装具を乗せて留め、手綱を付けます。

　それから外に連れて行って馬車に繋ぎました。ここまでが、結構大変な

作業です。

　2人で馬車に乗り込みリジーが手綱を握りました。

　フロントガラスの下方に横長の穴が開いていて、2本の手綱はそこから御者台に引き込んであります。

　左の手綱を引くと左側に、右の手綱を引くと右側に曲がります。

　御者台の前に方向指示器のスイッチがあります。

　曲がる時はその左右の曲がる方向のスイッチを押します。

　連動して馬車の後ろのランプが点滅します。

　雨天の時は、ワイパーを左手で動かします。ワイパーは手動です。

　雨が小降りでワイパーを時々動かす分にはいいのですが、土砂降りの時は馬車で出かけるのは危険です。

　手綱を操りながら、リジーは絶えず「ヒューヒュー」と口笛のような音を鳴らします。裏道を走っているときは、リジーも馬もリラックスしていますが、交通量の多い広い道路にくると、リジーが緊張しているのがわかります。

　馬も緊張している風に見えます。この緊張をほぐすために、コンフリーの葉っぱを食べさせたのかもしれません。

　通常、アーミッシュが住む地区の広い道路には、馬車専用のレーンが設けてあるのですが、ここにはありませんでした。

　御者台からは、サイドミラーで左右の様子は確認できますが、背後は全く見えません。

　リジーは、左右は気にしても、後ろを気にする様子は全くありませんでした。

　見えないのだから仕方のないことです。

　たまに、サイドミラーの中に小さな鏡を取り付けて、背後が見えるように仕様した馬車を見かけますが、普通の馬車では後方の窓を開けない限り、背後は見えないのです。

　ランカスターでは、馬車の後ろを、車が連なって走っている光景を時々

見かけます。

　馬車の速度も結構速いのですが、車のようにはいきません。

　車のドライバーに、馬車にはバックミラーがないので、御者には後ろが見えないのだということを知ってもらいたいと思いました。


　さて、用事が終わり、帰途につきました。

　緊張しながら広い道路を走り、裏道に曲がります。

　裏道をもう１回曲がると、リジーの家の方向です。

　家の方向に曲がった途端、馬が興奮したように急ぎ足になりました。

　リジーが手綱を引いてなだめます。

　私がちょっとおびえた顔をしたら、リジーが言いました。

「家に帰るんだと思って馬がハッピーなの」

「そうかぁ、馬も家に帰る時は嬉しいんだ！」

　リジーは、家の前を通り過ぎたところに用事があります。

　手綱を操作して馬を直進させました。馬は、帰宅するわけではないことを悟り、おとなしくなりました。

　リジーの用事が全て終わり、今度こそ家に帰ります。

　リジーが馬にそう声をかけると、馬は再度ハッピーになり、嬉しそうに駆けだしました。私には、馬がスキップしているように見えました。


## 6) アーミッシュの日用品店

　ある日、リジーとアーミッシュ御用達のお店に行きました。

　リジーが台所の洗い桶を買いたいのと、その店にバーバラの父親、リジーの祖父が著した本が置いてあるので、それを私に見せるためです。

　アーミッシュのよろず屋には行ったことがありますが、この店には食料品やトイレットペーパーなどの消耗品はなく、アーミッシュの日常生活に必要な道具、台所用品、布地、衣類、文具や玩具などが置いてありました。

　リジーとバーバラは、この店をほぼ２か月に１回訪れるそうです。

　リジーの祖父の本は、アーミッシュが礼拝で歌うアウスブントの歌詞の本で、その他に、道徳を説いた本とアーミッシュが辿った歴史を記した本

がありました。

　どちらも、A4 サイズで厚みのある本です。

　全部ドイツ語で書いてあるので、私にはちんぷんかんぷんです。

　迷った末、帰国する時に収めるスペースがないので、購入はあきらめました。

　衣類のコーナーに、アーミッシュ婦人が外出時に纏う、黒色の大きな正方形のストールがありました。

　並んでいるストールの多くはポリエステル繊維で、値段は 50 ドル前後です。

　端の方に、上等なウールのストールが数枚下げてあって 200 ドル前後しました。

　近くで見ると品質の差は歴然です。

　今までアーミッシュ婦人が纏っているストールはみんな同じに見えて、そんな違いがあるとは知りませんでした。

　よそ行き用と普段用に使い分けるのでしょうか?

　どちらか 1 枚買うのだとしたら、どんなアーミッシュ婦人が 200 ドルのストールを買うのでしょう?


　アーミッシュのドレスに既製品はありませんが、布地はずらりと並んでいました。

　3 分の 1 は、柄物の布地で、メノナイト用です。

　3 分の 2 は無地で、暗色からパステルカラー、極彩色まで揃っています。

　リジーは、非常に保守的なので、いつもベージュや小豆色、茶色、紺色のドレスを着ています。

　ピンクや黄色を指さして、

「私は、絶対にこんな色は着られない。若い女性たちが、どんどん派手になっていく」

　と嘆いていました。

　布地の値段は、一律 1 ヤード 5 ドル 99 セントでした。

　棚の一番下に、アイマスクを長くしてイヤホーン型にしたような耳当て

がありました。

　リジーは何に使うのかわかりません。

　私が、首の後ろからリジーの耳に当ててみると、キャップから出た耳がすっぽり隠れます。リジーは自転車に乗りますが、耳が寒くてどうしようもなかったそうです。

　この耳当てに大喜びです。

　リジーとお揃いで、私もこの黒い耳当てを買いました。3ドル25セントでした。

　コーナーを回って玩具売り場に行くと、女の子用の人形がずらりと並べてありました。

　シリコンやビニール、ゴム製で、金髪で目がぱっちりした西洋の抱き人形です。

　黒い肌の赤ちゃん人形もありました。

　布製で目鼻のないアーミッシュ人形は1体もありませんでした。

　現在、ランカスターで売られている布製のアーミッシュ人形は、全て観光客用で、ルースやバーバラでさえ、子供時代にアーミッシュ人形で遊んだことはないそうです。


　男の子のおもちゃは、車が多く、トラックや自動車、ブルドーザーなどしっかりした厚手のプラスチック製です。バッテリーで動くトラックもあります。

　文具も玩具もカラフルで、アメリカのスーパーマーケットに並んでいるものと変わりません。

　売り場で目に付くのは、動物のミニチュアが多数並べてあることです。

　アーミッシュに一番身近な馬や牛、羊、山羊、鶏、犬、猫、ウサギ、アヒル、七面鳥、熊、鹿、狐、狸、ランカスターにはいないライオンからキリン、象、パンダまでなんでも揃っていました。

　全部子供が手に取りやすい大きさでした。

　レジカウンターの前の売り場に、アーミッシュが手作りした玩具が並べてありました。

木製で、汽車やトラック、ドールハウス、箱車、馬車などです。

素朴な作りで、頑丈そうです。値段は 20 ドルから 100 ドルの間です。

幾組かの母親と幼児が、玩具売り場で人形やゴムの動物を触っていましたが、この売り場で足を止めるアーミッシュはいませんでした。

商品もうっすら埃を被っていて、売れていないのが見て取れました。

日本に持ち帰れるものなら、私が全部買い占めたいと思いました。


## 7) アーミッシュ学校の授業の様子

ある日突然、バーバラから電話がかかってきて、翌日、孫の学校を訪ねるので同行しないか？という話です。

トランプ大統領は "アメリカファースト" ですが、"アーミッシュファースト" の私は、もちろん「行く！　行く行く!!」と返事しました。

すぐに翌日の予定はキャンセルです。


午前 7 時半、キング宅に着いたら、アーミッシュタクシーが止まっていました。

7 人乗りの大きなバンでした。

ドライバーはアメリカ人で、キング家の息子の友人の父親だそうです。

リジーが助手席に座り、ドライバーと話をします。

私とバーバラは 2 列目に座りました。

バーバラは、編み物をしながら時々リジーたちの話に加わります。

たまに、私に気を遣って話を振ってくれますが、内容がよく解りません。

学校へ行く前に、先ず息子夫婦の家に行き、そこから学校へは馬車で行くそうです。

40 分ほどで息子の家に着きました。

学校訪問の時間までに間があるので、リジーと学齢前のバーバラの孫娘が家の外廻りを案内してくれました。

裏庭に、なんとフェンスに囲まれたテニスコートがあります。

ハードコートですが、使っていないらしくあちこちでこぼこで、ひび割れから雑草が生えていました。

　息子はこの家を、10 年前にアメリカ人から買ったそうです。

　逆はありませんが、ランカスターでは、アーミッシュがアメリカ人の家を買うのは普通のことです。

　アメリカ人の家は、電気が引いてあるので、電線を全部取り外し、アーミッシュの暮らしに合うようにリフォームします。

　息子の家は、前庭も裏庭もかなり広く、裏庭の囲いの中に、アヒル 3 匹、ガチョウ 1 羽、七面鳥、鶏が何匹も飼われていました。

　前庭の小屋の中には、馬 1 頭とバギー、ミニチュアホースと子供用の箱車が置いてありました。


　時間になったので、みんなで馬車に乗り学校へ向かいました。

　歩いて行けるぐらいの距離です。

　私たちが学校へ着いた時、先生と生徒たちは、全員でソフトボールをしていました。

　アーミッシュ学校の野球は、どこも全員参加です。

　この学校では、ボールが当たるまで何回でもバットを振っていいルールらしく、小さい子たちは何回も何回も挑戦します。

　どうしてもボールが当たらない子には、大きな子が背後から一緒にバットを握って打ってあげていました。

　チームは 2 つに分けてあって、打順がノートに書いてあるらしく、みんなそのノートを見ながら打ちに行きます。

　先生と女生徒たちが豪快にボールを飛ばしていました。

　3 人アウトになったら攻守を入れ替わるシンプルなゲームで、雨天でない限り、毎日このゲームの続きをしているそうです。


　先生がひもを引っ張って鐘を鳴らし、休み時間が終わりました。

　全員教室に戻って着席します。全校生徒 21 名、先生 2 人の学校です。

　授業が始まって、少しして、皆が 1 人ずつ席をたって前に行き黒板の前に並びました。

　先生が音頭を取り、コーラスが始まりました。かなり大声で歌います。

ハーモニーがきれいです。

　私は、それまでに、5校のアーミッシュ学校に合計8回訪問しましたが、どこの学校でも生徒全員のコーラスで歓迎してもらいました。

　来客を歌でもてなすのは、アーミッシュ学校の伝統のようです。


　S家、イッシュ家、キング家の子供たちに、学校にお客さんが来て歌を披露するのをどう思うか、またはどう思っていたか聞いたところ、

「とても好き」「好きだった」、「お客さんが来るのは嬉しい」「別に嫌ではなかった」そうですが、イッシュ家の三男アイサックだけは、「ものすごく嫌だった。歌を歌うより本を読んでいたかった」と答えました。


　歌が終わると授業参観です。

　5、6年生の6人が6区分された黒板の前に立ち、先生が見せるカードを順番に読んでいきました。

　次に、先生が口にする文章をそれぞれ黒板に書いていきます。

　先生は、文章に間違いがないか、スペルが合っているかチェックしているようでした。

　英語の読み書きの授業なのでしょう。


　高学年が終わったら、1年生3人が前に出て、順番に本を読みだしました。

　ドイツ語で書かれた本のようです。みんな上手に読めます。

　次は、先生が英語で簡単な質問をしてみんなで答えます。英語をドイツ語で言わせているようです。

　ペンシルバニアダッチが第1言語のアーミッシュは、1年生の子供でもドイツ語が解せるのでしょう。

　2、3、4学年の生徒たちは、前に行って机と机の間に立ちました。

　アシスタントの先生がアルファベットのフラッシュカードを見せて、生徒に読ませます。

　読めたら、後ろの方に向かって一歩進みます。そうやって進んで行って、

ドアの前に来たら外に出て、体操をして中に戻ってきます。

　7、8学年の生徒たちが前に行き、黒板1区画分の大きさのアメリカ地図の前で、州についての質問に州名を答えています。

　男子3名、女子3名です。先生は1人ずつ当てていますが、みんなで相談して答えている場面が多くありました。

　彼らが前にいる間に、机の上にあったドリルを見てみたら、小さい字でびっしり印刷されていて、読むだけでも根気が要りそうでした。


　アーミッシュ学校に先生が二人いる場合は、1年生と高学年の生徒を正規の先生が担当し、中学年の生徒たちをアシスタントの先生が受け持つことが多いようです。

　生徒の間に、当然学力の差はあるはずです。

　バーバラに、成績表のようなものがあるのか聞いたら、それらしいものはあるそうです。しかしながら、本人も親も成績は全然気にしないと言っていました。

　キング家では、長男は非常に成績が良くて、次男はそれほどでもなかったそうですが、次男の方が長男よりずっと楽しい毎日だったそうです。

　バーバラは「学校で成績の優劣はあるけど、学業の出来より、インサイド（中身）、人柄が大事」と言っていました。

　ランカスターには、ハンディキャップを負った子供や、知的障害があるアーミッシュ、メノナイトの生徒のために、インターコースの町の中に養護学校があります。

　距離的に通学が困難な生徒や、あくまでもアーミッシュ学校に通いたい子供のためには、いくつかのアーミッシュ学校に、特殊学校が併設してあります。


　ランチの時間になりました。

　殆どの子供たちは、プラスチック製の同じランチボックスを持参しますが、布製のバッグを持っている子も数人いました。

　全員外に出て、玄関の階段に座って食べています。生徒たちが食べ終わ

るまでは、階段を通れないので教室の中で待ちました。

　その間に、バーバラもリジーも、そして私も来客用ノートに、コメントを記しました。

　帰る間際、先生に、

「黒板に日本語で何かメッセージを書いて」と頼まれました。

　私は、ちょっと悩んで、「今日はありがとう。お元気で！」と書きました。


　玄関に座っていた生徒たちが、食事を終えてソフトボールの続きをやり始めました。

　私たちが階段を下りると、小さい女の子たちが私の周りに寄ってきて、「今日は来てくれてありがとう」と口々に言いました。胸がキュンとする一瞬でした。

　私は、アーミッシュ学校で授業参観をする時は、常に折り紙を持参して、時間が許す限り生徒に折り紙を教えることにしています。

　この時は、バーバラの訪問目的が分からなかったので、お土産のチョコレート以外、何も用意して行きませんでした。

　後日、チャイニーズスター（手裏剣）とTシャツを各24枚折って、浮世絵の折紙と一緒に生徒たちに渡してもらうようバーバラに託しました。


## 8）キャンプと蛍

　バーバラによると、リジーと二人の弟たちは非常に仲良しで、毎晩遅くまで話をするそうです。

　アーミッシュは早寝早起きだと思われていますが、早起きはその通りでも、バッテリーで普通に電球の灯りが得られる現在、夜更かしをする若者が増えています。

　リジーと弟たちは、金曜日の夜は話が尽きません。

　弟たちにはまだガールフレンドがいないので、リジーに女性としての意見を求めます。事例を出しては、「どう思う？」と異性としての感想を聞くそうです。

「なんてほほえましい！」　私は 3 人の姿を想像してほっこりしました。


　弟たち 2 人は、洗礼を受けているので、ユースの会の活動においても長老が眉をしかめるようなイベントには参加しません。


　アーミッシュ男性の健全な活動の 1 つに、野外キャンプがあります。
　アメリカ国内からアーミッシュの独身男性が集まって親睦を深める活動です。
　数年前に始まり、インディアナ州、オハイオ州などを経て、2019 年はペンシルバニア州で開催されることになりました。
　会場は、キング家から車で一時間ほど離れたところにあるアーミッシュ農場です。
　500 〜 600 人が集まり、全員がテントを張るので広い野原が必要です。
　バーバラの伯父さんが広い農地を所有していて、今年はそこが会場になりました。
　金曜日から日曜日までの 2 泊 3 日の催しです。
　遠くはウィスコンシン州から、自転車で野宿しながらやって来る若者もいるそうです。
　参加費は無料で、開催地区のアーミッシュ共同体が、寄付を募ったり、オークションを開催して経費を捻出します。


　キャンプの内容は、牧師や長老の説教を聴き、歌を歌い、バレーボールをしたり、川で魚釣りをしたり、夜は毎晩キャンプファイヤーをするそうです。
　食事作りから洗い物、その他の雑用、全て男性たちだけで賄います。
　女性は、一切関わることが出来ません。
　キャンプ地を訪ねることも厳禁です。
　このキャンプのことは、アーミッシュ案内のどの本にも載っていないので、初めて聞く話でした。

私は、キング家にはいつも平日に訪問するのですが、7月中旬のこの日は、バーバラからの招きで土曜日の朝、9時に訪問しました。

　家に入ってすぐ、バーバラが、「夜まで滞在して蛍を見物したらどう？」と言います。

　私は、インターナショナルハウスに住んでいた昨年の夏は、前の芝生と裏の墓地で毎夜、素晴らしい蛍の乱舞を堪能したのですが、今年は、街中に転居したため蛍が見られず残念な思いをしていました。

　その話を、バーバラは覚えていたのでしょう。

「でも、家族がくつろぐ土曜日だし…」私が決めかねていると、

「今夜は、息子たちがいないから気にしなくていいの」

　二人の息子たちは、昨日からキャンプに参加しているとのでした。


「夜まで時間がたっぷりあるから、今日は普段できないことをしましょう」

　私とリジーは、乾燥ハーブ茶と、ハーブを使った薬液を作ることにしました。

　大きなかご一杯に2種類のハーブを摘んできて、屋根裏部屋にシーツをひろげて、その上にハーブをばら撒きました。乾燥したら出来上がりです。

　ペパーミントは、これも大量に摘んできて、取り敢えずシーツの上に広げました。ある程度萎びたら、あとはオーブンで乾かすそうです。

　リジーの花畑の多種多様な花々は、適当に切って瓶に詰めます。

　この瓶に、お酒ではなく、オイルのような甘い液体を注ぎます。

　リジーが造るこの薬液は、薬局で買うとほんの少量で20ドルするそうです。

　兄弟たちが、体調が悪くなるとこの薬を飲みにやって来るそうです。


　私たちが、屋根裏部屋で作業をしていると台所から懐かしい匂いがしてきました。

　魚が焦げる匂いです。

　バーバラに呼ばれてキッチンに行くと、バーバラお手製のブルーベリー

マフィン、私が持参した里芋の煮物、崩れてフレークになった魚などが並べてありました。

　魚は、前日、キャンプに行く前に息子が川で釣ってきたものだそうです。

　バーバラは、魚をどう調理していいか分からず、鍋に入れて塩と胡椒を振ってコンロにかけたそうです。

　すぐに焦げてひっくり返そうとしたら崩れてフレーク状になったとか。

　15センチほどの魚1匹です。

　焦げた少しのフレークを、醤油が欲しいと思いながら私もほんの1口いただきました。


　ランチの後、お父さんは農作業に戻りました。

　バーバラとリジーは、いつもならこれからお昼寝です。

　でも、今日は違いました。


　午後1時にアーミッシュタクシーが来ました。

　バーバラに促されて一緒に乗り込むと、1時間ほど走って、テントがいっぱい張られているのが見えるところに来ました。

　テントに通じる農場の入り口を通り過ぎて、バーバラは木の陰で車を停めてもらいました。

　息子たちが参加しているキャンプの様子を覗きに来たのでした。

　バーバラが、私に写真を撮るように勧めました。

　人物は豆粒ぐらいにしか写らないので、写真を撮っても大丈夫なのでしょう。

　車から出るわけにはいかず、テントは遠すぎてインパクトがないのですが、折角バーバラが言ってくれていること、私は、カメラを車の窓にくっ付けてシャッターを押しまくりました。

　しばらく、木の陰の車の中からキャンプの様子を観察して、家に引き返しました。


　バーバラは、「息子たちが昨日から家に居なくて寂しい」、と何度も言っ

ていました。

　本当に、息子たちが恋しいのでキャンプの様子を見に行ったのでしょうか？

　それとも、私のアーミッシュリサーチに協力するつもりで、わざわざアーミッシュタクシーを雇って、キャンプ地まで行ってくれたのでしょうか？

　息子たちは、明日になれば帰ってきます。

　多分、私の為だったのでしょう。


　キャンプ場から家に帰ったら、リジーとバーバラはお昼寝です。

　私は、眠くないので昼寝はせず、ノートの記入に専念しました。

　2人が昼寝中に、近所のアーミッシュの女の子が子供用自転車に乗って訪ねてきました。

　ヨーグルトのケフィアを買いに来たと言います。

　キャップを被っていないので、6、7歳でしょう。

「バーバラはどこ？」と聞くので、私が、「今お昼寝中だから、もう少し待ってあげて」と言うのに、さっさとバーバラの寝室へ入っていきました。

　バーバラが起きてきて、ケフィアを取りに行き少女に渡しました。

　少女は、ケフィアを自転車の籠に入れて帰っていきました。

　リジーが起きてきて、夕飯の相談です。

　私とリジーは畑に行って、トウモロコシを9本捥いできました。

　茹でたトウモロコシと、ランチで残った里芋の煮物で夕飯です。

　何で里芋なのかと言うと、

　以前、リジーと裏庭で仕事をしていた時、裏口の横の花壇に里芋が植えられているのに気が付きました。

　葉っぱがきれいなので観賞用だと言います。

　エレファントイヤー（象の耳）という名前で、結構値段が高く、アメリカ人に人気の植物なのだそうです。

「日本では里芋と言って、ジャガイモと同じ様に食べるのよ」と私が説明しても、

「食べるなんて考えられない！」とリジーは言います。

　根茎がどうなっているのか誰も見たことがないそうです。

　ランカスターでは、ウォールマートに里芋が売っています。

　私は買い置きがあったので、里芋の煮物を作って持参したのでした。

　ランチの時、キング夫妻は、リジーが美味しいと言っても敬遠して食べませんでした。

　でも、夕食の時、他に食べるものがなかったせいもあり、口にしてまんざらではなさそうでした。

　これから、キング一家は、里芋を収穫して食べるようになるでしょうか？


　夜8時半ごろ、玄関前に蛍の光が見え始めました。

　バーバラとリジーと3人で、椅子に座って暗くなるのを待ちました。

　お父さんは、夕食後、再び家畜小屋に戻って仕事をしています。

　アーミッシュの男性は本当に働き者です。

　アーミッシュ婦人に太めの人がいても、既婚のアーミッシュ男性で太った人は見たことがありません。

　こんなに働いていたら、お父さんがいくらチョコレートを食べても太らないはずです。


　いよいよ蛍の乱舞が始まりました。

　私たちは、家の周りの農場をぐるりと回りました。

　バーバラが、「蛍の最盛期は過ぎたようね。先週はこんなものではなかった、すごかった」と言いますが、私には十分です。

　これよりすごいって、どんなだったんだろう？？

　家畜小屋からお父さんが「ここから見るのがベストだよ！」と叫んでくれたので、私たちは家畜小屋に廻りました。

　お父さんは、小屋の雨戸を開けていてくれました。

　雨戸の向こうはトウモロコシ畑になっていて、蛍がいっぱい群れています。

どこかの町の灯りかと錯覚するくらいの蛍の点滅でした。

4人で並んで町の灯りを眺めました。

忘れられない光景です。

### 9) パッチワークの布地裁断

あまり知られていませんが、アメリカの教会が外国の貧しい人たちを支援するように、アーミッシュも、教会ぐるみで発展途上国の人たちを援助しています。

例えば、アフリカの国々やアルメニアなどです。

バーバラは、パッチワークのトップを作って寄付しているそうで、この日はそのための布地の裁断をしました。

先ずはテーブルを二台つなげて広いスペースを作ります。

そこに、ゴムでできた下敷きを広げ、その上に布地と型紙を乗せてカッターで切っていきます。

バーバラが、大きなかごに入った山盛りの布切れを持ってきました。

ドレスやシャツを作った時の残り布です。

型紙は、段ボール用紙で様々な大きさのものが作ってあり、布地の大きさによってそれらを使い分けます。

バーバラは慣れているので、布地を広げると、どの型紙がぴったりくるか、どの型紙を組み合わせれば一番効率的か、すぐに判断できますが、私は、いろんな型紙を当ててみて決めるので時間がかかります。

それでも、バーバラの話を聞きながら作業ができる貴重な時間です。

Q.「バーバラにとって大事なものは何？」
A.「一番は、GOD! 神様よ。次が夫と家族。それから親戚や友人たち」
　全部、人でした。

Q.「アーミッシュのレジャーは？」
A.「男性は、ホース（馬）ショー、馬の競り市」
　「女性は、女性だけで集まっておしゃべりするのが最高のレジャー。私

には、シスターズデイやブラザーズデイもレジャーよ。でも、農家には、町で働くアーミッシュのようにレジャーは必要ないのよ。畑で農作業をすること自体がレジャーだから」

Q.「アーミッシュがお酒を飲まないのは知ってるけど、ワインを料理に使ったりしないの？」
A.「使う人もいるけど、私は絶対に使わない。家の中にお酒があると思うだけでも嫌！」

Q.「バーバラが今までに行った所で、一番遠いのはどこ？」
A.「インディアナ州に妹が嫁いでいるので、そこに四回行った。汽車とバスを乗り継いで。アーミッシュタクシーで行ったこともあるわ」
　アーミッシュタクシーは、長距離の場合、ドライバーの宿泊費も負担するので長くは滞在できないそうです。

Q.「アーミッシュは、アメリカの独立記念日を祝ったりする？　ハロウィンは？」
A.「アーミッシュは、独立記念日は何もしない。ハロウィンもない」

Q.「みんなでお出かけする時は戸締りをして行くの？」
A.「家に鍵をかけたことはないわ。アーミッシュは誰も鍵など掛けないと思う」
　「犬がいるから大丈夫」　なるほど。
　日本でも、昔、田舎には鍵をかけない家が結構ありましたよね。うちもそうでした。

Q.「アーミッシュにタトゥー（入れ墨）する人いる？」
A.「アーミッシュにもメノナイトにも、タトゥーをした人は1人もいないと思う」

Q.「タトゥーをしたらシャニングされる？」
A.「…アーミッシュがタトゥーをするなんて考えられない」
　想定外の質問だったようです。
　将来、タトゥーを入れるアーミッシュの若者は皆無、と言い切れるかどうか。


　かごいっぱいの布地は全部なくなりました。
　四角くカットした布地が、寸法別にテーブルに山盛りになりました。
　バーバラが、空のかごを持って2階に行き、今度は着古したドレスをかごからあふれるほど運んできました。
　ドレスやシャツの、汚れや傷みが少なく、使える部分を切り取ります。
　結構大変な作業です。
　台所仕事をしていたリジーが、ランチにサンドイッチを作ってくれました。
　デザートはバーバラお手製の、大きめの瓶に入ったカスタードプリンです。
　1つの瓶を、4人で分けるのかと思ったら、1人に1瓶ずつ配られました。
「こんなに食べられない」と言ったら、リジーが
「残していいわよ。犬にやるから。犬はプリンが大好きなの」
　確かに、犬は、私の食べ残しのプリンを喜んで食べていました。


　キング家のお父さんは、チョコレートが大好物なので、私は、時々お土産にチョコレートを持っていきます。
　この日は、箱入りのアソートチョコレートを持参しました。
　お父さんは、プリンを平らげた後、チョコレートを1つ選び、ピーナッツバターをたっぷり乗せて口に入れました。
　ランチの後、リジーとバーバラはお昼寝、お父さんは農場の仕事に戻ります。
　私は、ランチの時間以外に、お父さんが休んでいる姿を未だかつて見たことがありません。

私がそう言ったら、バーバラは声をたてて笑い、お父さんは
「僕は、朝、遅く起きるから昼寝は必要ないんだよ」と言いました。
でも、お父さんは、私が朝早く訪ねた時でも、もういつも働いています。

お昼寝の終わったバーバラと作業を続け、全ての布切れと古着をカットすることが出来ました。
バーバラがこの四角い布をミシンで縫い合わせてパッチワークします。
パッチワークのトップ（表地）が完成したら、教会の女性たちが集まって綿を入れて、掛布団を作るそうです。
翌々週にキング宅に行ったら、バーバラが出来上がったトップを見せてくれました。
素敵な出来上がりでした。

### 10）トウモロコシの冷凍保存

私は、キング家で畑仕事をするときは、キューロットスカートの上にモンペを穿き、白い割烹着を付けます。
今日は、トウモロコシを収穫して、茹でて保存するとのことなので、定番の恰好をしました。
まず、ストーブに火をおこして、超特大の鍋でお湯を沸かします。
この間に、リジーと2人でバケツ3杯のトウモロコシを捥ぎました。本数にして200本ぐらいでしょうか。
トウモロコシを、粒の周りの薄皮を残して皮を剥きます。
お湯が沸騰したら、トウモロコシを全部鍋の中に放り込み蓋をして30分位茹でます。
その間に、リジーと私は花壇の草取りです。

茹で上がったら鍋を火から下ろして、トングでトウモロコシを引き上げます。
引き上げたトウモロコシを、バーバラが、冷水を溜めた足つきタンクに放り込みます。

そして一気に冷やします。

冷えたら、トウモロコシを1本ずつ取り出して、3人で粒を削り取ります。

トウモロコシを削るには、木製の大根おろしのような専用の道具があって、それで削るのですが、私はコツが掴めず、ナイフで削った方が余程うまくいきました。

削ったトウモロコシは、ジップロック（Lサイズ）に、しっかり空気を抜いて袋詰めし、地区で共有している冷凍庫に運んで保存します。全部で22袋出来ました。


トウモロコシの削り滓は、鶏小屋がある囲いの中にばらまきます。鶏の好物だそうです。

リジーと、ばらまきに行ったついでに、鶏小屋の卵を集めました。

トウモロコシに釣られずに、鶏小屋でじっと動かず卵を温めている鶏がいました。

リジーが、鶏のお腹の下に手を入れて卵を横取りしました。

鶏が怒ってリジーの手を突きました。

産みたて卵はどれも温かく、リジーが、発泡スチロールの卵ケースに入れて、私に全部くれました。

産みたて卵をもらった時は、いつも卵かけご飯にして食べています。


## 11）蠅はいても蚊はいない

キング家の前には畜舎があるので、蠅はいっぱいいます。

でも、蚊はいません。

そういえば、インターナショナルハウスに住んでいた時も、すぐ裏は墓地なのに、蚊に刺されたことがありませんでした。

蛍が蚊の幼虫を食べるのでしょうか？

それとも、冬の気温が低すぎるので、蚊は冬を越せないのでしょうか？

いずれにしても、日本では考えられないことです。

アメリカでは（南部ではわかりませんが）、夏の夕方、短パンにランニ

ング姿で、戸外でバーベキューをします。

　日本で、例えば私の家で、同じことをしようと思ったら、狭い庭のあちこちに、蚊取り線香を焚いて、長袖に長ズボンで臨まないと蚊に刺されて大変です。


　蠅はいっぱいいるので、キング家の馬は、外で働くとき目に蠅除けのマスクをします。

　馬は、自分で蠅を追っ払えないので、マスクをかけてあげるのです。

　マスクは網目になっています。

　日本人は、家の中に蠅が１匹でもいると気になって、ハエたたきを持って追いかけまわしますが、アーミッシュの家でそんなことをしていたら日が暮れます。

　日本にも昔は蠅がいっぱいいて、田舎では、どの家も台所にハエトリガミというべとべとした紙を天井から吊るしていました。

　ハエたたきは、家のあちこちに置いてあって、１匹仕留めるたびに「やったー！」と、達成感を覚えたものです。


　アーミッシュの家には、昔の日本に似ている点が多々あって、子供時代を思い出します。

　アーミッシュの子供たちは、生まれた時から家の内外でばい菌にさらされています。

　そのために皮膚病に対して免疫があります。

　遺伝的なものもあるのかもしれませんが、アーミッシュは、子供も大人も、アトピーやアレルギーを発症しません。

　ニキビのある若者はいても、大人から赤ちゃんまでみんな皮膚がきれいです。

　アーミッシュが自家用に作る野菜や果物、花卉は、化学肥料を使わず自然に任せるためか、アクが強く、目に見えないエネルギーを発します。

　素手で触ると、痒くなったり、かぶれたりします。アクが迸（ほとばし）るのだと思います。

私は、最初に畑仕事をしたときに、作物に触れた手で目をこすってしまい、目の周りが紅くかぶれました。

　かぶれが治りかけると、また畑仕事をするのでいつまでも治らず、結局、収穫期の間ずっと目の周囲がかぶれたままでした。

　農繁期が終わって畑仕事をしなくなったら、やっと治りました。

　私のかぶれが治った頃、アーミッシュの家に蠅もいなくなりました。

## 12）ヌードル作り

　バーバラとリジーと３人で、キング夫妻の息子の家に行ってお嫁さんのヌードル作りを手伝いました。

　家に着くと、キング宅にいる犬とそっくりの犬がいました。

　リジーが生まれた子犬を、１匹プレゼントしたのだそうです。

　作業を始める前に、お嫁さんと、５歳と６歳の年子の女の子たちが、梯子を運んできてテーブルの上に置きました。

　次に板を４枚運んできて、梯子に嵌め込むとテーブルは２倍の長さになりました。

　アーミッシュの家具は非常に合理的に出来ています。

　小さな娘たちが、慣れた手つきでテーブルの組み立てをするのにも感心しました。


　ヌードル作りは、卵を割って黄身と白身に分けるところから始まります。

　大きなボウルに１個ずつ卵を割って、黄身と白身が混じらないように分けていきます。

　５ダース60個の卵を割りました。

　ヌードルには黄身だけを使います。白身は、バーバラが貰って帰って、エンジェルケーキを作るそうです。

　ボウルに割り入れた黄身を、ハンドルが付いた撹拌機で混ぜます。

　泡立った黄身を、特大のボウルに入れた小麦粉に少しずつ垂らしながら混ぜ込みます。

　ポロポロになったら、残りの、大量の黄身を混ぜてドロドロにします。

　そこにまた少しずつ小麦粉を混ぜて、手でこねて滑らかにします。

　その大きな塊を、バーバラとリジーと私の3人が、各自、両手で捏ねられるだけちぎって、小麦粉をまぶしながらさらに捏ねます。

　すごい量なので、3人で作業しても塊はなかなか小さくなりません。

　手も疲れてきます。

　小さい子供が3人いるお嫁さんが、この作業に手伝いを頼んで来るのは仕方のないことです。

　アーミッシュは、手間暇かけて保存食を作る時、少しだけ作ることはしません。

　大量に作ります。

　ちぎって捏ねた丸い生地が、テーブルの上に何個も並びました。


　バーバラが、板の上に製麺機をセットしました。

　リジーが、伸した生地を製麺機に差し込み、バーバラがハンドルを回します。

　1回では薄くならないので、再度機械に掛けます。

　丸い生地を私が伸して、リジーが伸した生地を製麺機に差し込んで、バーバラがハンドルを回します。

　途中でリジーとバーバラが交代しながら、その作業を延々と続けました。

　伸した生地は、折り畳んでお嫁さんがカットします。

　カットした麺は、子供たちが運んで、ジグザグの木製のラックに干します。

　3時半まで、みんなでその作業を繰り返し、伸ばし終えなかった丸い生地5～6個は、バーバラが、自宅で完成させることにして持ち帰りました。


　今まで、様々な保存食作りを手伝いましたが、ヌードル作りは、捏ねるのに力が要るし、家の中は汚れるし、時間はかかるし、麺を広げて干す場所が必要だし、一番大変な作業だと思いました。

　S夫人も、ルースも、ヌードルはアーミッシュの店で買うと言っていました。

バーバラも、手伝うことはあっても、もう自分では作らないそうです。

お嫁さんは、いつまで自家製ヌードル作りを続けられるのでしょう。

2人の娘たちに、アーミッシュのヌードル作りの伝統が継承されるといいなと思います。


## 13) 玉ねぎ掘りとグランパハウス

玉ねぎには関係ありませんが、ランカスターには、宝くじの収益で運営される2種類のバスがあります。

1つは、大型の普通のバスで、市内の16路線を走っています。

路線ごとに時刻表があり、お金を払って誰でも利用できる公共のバスです。

バスには、車体の前に、自転車が2台乗せられる装置が付いていて、自転車持参の乗客は、自分で自転車を固定してから乗車します。自転車に運賃はかかりません。

車椅子の乗客は、車椅子ごと乗り込めます。

バスの車内は、前方の座席が畳めるようになっていて、人が乗ったままの車椅子を、座席を畳んだ空間に、バスの運転手がベルトで固定します。

乳母車は、座席を畳まずともそのまま乗せられます。

乗車口のステップは、車椅子や乳母車のみならず、杖を突いた人、高齢の人たちが乗車する時には、地面と同じ高さまで下がるようになっていて、運転手がその都度操作します。


前方の席に座っていた乗客は、乗車口のステップが下がり始めると、直ぐに席を立って後方に移ります。

車椅子を固定するのにどんなに時間がかかっても、嫌な顔をする人は1人もいません。

みんな当たり前のこととして、運転手の作業が終わってバスが動き出すのを待ちます。


もう1つのバスは、8～10人が乗れるミニバスです。

　登録をした65歳以上のシニアと、障碍者が予約をして乗ります。

　ドアからドアがうたい文句で、バスは家の前まで迎えに来て、帰りは同じ場所で降ろしてくれます。

　料金は、距離によって違いますが、ウーバーよりかなり安い値段です。

　このバスを利用するには、24時間前までに予約をする必要があります。

　このバスの存在を教えてくれる人がいたので、登録をして、この日、試しに利用してみました。

　3日前に予約の電話を掛けましたが、話し中で通じません。

　録音の声が、「申し訳ない、オペレーターが忙しいのでこのまま待ってください」と言います。

　30分待っても通じません。時間を変えて、数回ダイヤルしましたが、この日は受付時間が過ぎたので諦めました。

　翌日、この日を逃したら予約は出来ないので、辛抱強く待ち、やっと通じました。

　実はこの後に、私の英語が通じないと云う更なる試練が待っていたのですが、何とかこの日、予約を完了することが出来ました。


　当日、送迎は、前後30分のずれがあるとのことだったので、予約時間の30分前から道路で待機しました。

　予約時間にバスは来ず、30分過ぎた頃やって来ました。

　道路で待ち始めて1時間経っています。いつもなら、ウーバーで行ったら、もうとっくにキング宅に着いている時間です。

　やれやれと乗り込むと、バスは反対方向に向かいました。

　これから、他の乗客をピックアップするようです。

　合計で、6人が乗り込みました。

　私以外の乗客は、手押し車を押したり、杖を突いたり、車椅子に乗っていたり、身体の不自由な人ばかりなので、バスの座席に落ち着くまでに非常に時間がかかります。

　キング宅に着いたのは、私が玄関を出てから3時間半後でした。

　キング宅は、私が訪問しているアーミッシュ家庭の中で、我家に一番近

いところにあります。

　この日、帰りは5時に予約したのに、来てくれたのは6時15分でした。

　行きと同じように、あちこち回って数人をピックアップしたので、私が家に着いたのは8時を回っていました。

　バスの乗り心地は悪く、長く乗っているとお尻が痛くなります。


　その後、懲りずに、時間通りに着きたい往路はウーバーを頼み、帰路だけバスを利用してみましたが、相変わらず予約の電話は繋がらず、私の英語は解ってもらえず、ストレスがはんぱではありませんでした。

　お金はかかっても、アーミッシュ訪問は、往きはウーバー、帰りは電話で呼べるゴーゴーグランパで、と決めたら気が楽になりました。

　以前お世話になったM氏は、持病が悪化して休職中です。

　そういうわけで、キング家に3時間半もかかって、かなり遅れて着いたので、すぐに作業にかかりました。

　今日は玉ねぎ掘りです。

　玉ねぎの周りには雑草がはびこっているので、草取りをしながら進みます。

　リジーと1列ずつ担当して、並んでおしゃべりをしながら玉ねぎを掘っていきました。

　雑草を抜くと、玉ねぎは簡単に掘り出せました。


　リジーが、「隣の、グランパハウスに住んでいた兄一家が、家を買って引っ越したので、自分たちがグランパハウスに移る」と言いました。

　寝耳に水の話です。

　リジーの両親が、既婚の息子たちと相談した結果、大工の五男が最も畜産業が好きで家業を継げるということになり、他の息子たちの承認を得て跡取りに決まったそうです。

　従来のアーミッシュ社会では、農家の跡取りは長男と決まっていました。

　アーミッシュの職業が多様化した現在、長男は農業以外の自営業で成功している場合が多く、必ずしも長男が継ぐとは限らなくなったようです。

　キング家の話し合いは、父親が、息子全員に“実家の仕事をどう思うか？”

　書類に記入してもらい、全員の答えを各息子に読んでもらって、息子たちに誰が適任か決めてもらったそうです。


　現在母屋に住んでいるキング夫妻とリジーと 2 人の息子は、全てを明け渡して、グランパハウスに移らなければなりません。

　自家栽培の野菜畑も、リジーのハーブ畑も花畑も、五男の妻に明け渡しです。

　五男一家が引っ越して来るまでに、リジーは全部の花とハーブを、グランパハウスの畑に移植します。

　玉ねぎは、今日、リジーと 2 人で全部掘り出しました。

　リジーが網戸を 2 枚運んできました。

　庭のベンチを平行に並べて、その上に網戸を 2 枚並べて乗せます。

　網戸の上に、掘り出した玉ねぎを全部広げて、玉ねぎの仕事は終わりました。


　バーバラがランチだと呼びに来ました。

　ランチは、各自が自分で作るオープンサンドで、食パンの横に、スライスチーズと、ハム、トマト、玉ねぎが並んでいました。トマトと玉ねぎは獲りたてです。

　リジーに倣って、全部を挟んでマヨネーズを塗って食べました。

　バーバラが、「来週にはグランパハウスに移るので、マリコがここで食事をするのは最後になるわね、今度からは、グランパハウスよ」と言いました。

「グランパハウスに移ったら、もう私が手伝える仕事はないんじゃない？」

「とんでもない、仕事はいっぱいあるし、何よりマリコに会いたいわ」

「じゃあ、荷物運びの手伝いをするわね」

　来週から、跡取りに決まった大工の息子が毎週通ってきて、台所をリフォームするそうです。

リジーとバーバラが昼寝に行った後、私は台所の写真をカメラに収めました。

翌々週から、私はキング宅訪問の度に、リジーの移植を手伝いました。
リジーが10代の頃から丹精して育てたハーブと花々は、どれも茎が太く、しっかり根付いていて、掘り出す作業は一筋縄ではいきません。
地下室の保存食も、リジーと2人で母屋の大きな食糧庫からグランパハウスの保存室に移しましたが、一輪車を使って何回も往復する大変な作業でした。
大きな母屋の、地下室と屋根裏部屋には、まだまだ運びきれない荷物が山ほど残っていて、1人で奮闘するリジーの仕事は、果てしなく続きそうです。

### 14）パットとプリュツェル作りへ
キング一家の、グランパハウスへの引っ越しは、地下室と屋根裏部屋を除いてほぼ終わり、私もグランパハウスでの台所仕事に慣れてきました。
バーバラやリジーと私の間で話をする時に、たまにパットの話題が出てきます。
2人は、まだ、パットに会ったことはありません。
バーバラが「ここに連れてくれば？」と言います。
「パットも2人に会いたいと言っているけど、パットは仕事が手伝えないから、来ても手持無沙汰になるし」
「じゃあ、パットが来る日は仕事はしないで、プリュツェルを作りましょう。私たちにも休みは必要よ。仕事はしないでみんなでおしゃべりしましょう」とのこと。
パットに打診したら「行く行く！」即答です。

2019年11月某日、パットとバス停で待ち合わせて、私が道案内をしました。
キング宅は、バス停からかなり離れていて、農地が広がるど真ん中にあ

るので、ナビが正常に働きません。

　私はそのことを知っているので、ウーバーでキング宅に来るときは、いつも地図を用意して道案内をします。

　パットと私は、訪問の約束時間、午前 11 時ぴったりにキング宅に行きました。

　台所のテーブルには、4 人分の食卓が整えてあり、プリュツェルも、すでに焼いてありました。

　バーバラは、朝早く起きてプリュツェルを作り、息子たちの朝ごはんに食べさせ、お父さんにも、私たちが到着する前に食べさせたそうです。

　お父さんは、すでに畑に戻っていました。

　パットが、お父さんの気持ちを察して、「ガールズトークね」

　パットの夫ダンも、パットと私がアンナ宅を訪ねる時、一緒に行こうと誘うと、いつも
「ガールズトークを楽しんで！」と言うそうです。


　バーバラは、私たちのためにプリュツェルの生地を残しておいて、結び方を教えてくれました。パットは、爪が長いので生地に触るのを躊躇します。

　不器用な私は、バーバラのように、形のいいプリュツェルは作れません。

　出来立てのソフトプリュツェルは、何とも言えない美味しさでした。

　私もパットも、大きなプリュツェルを、2 個も食べてしまいました。

　ランチは、他にチキンマカロニスープ、チーズ、バーバラお手製のラズベリーのヨーグルト、プリン、フルーツのコンポートです。

　私はこの日、マーケットで見つけた柿と、日本から送ってもらった昆布茶を持参していました。

　柿は、パットは英語名のパーシモン（Persimmon）という言葉は知っていましたが、見たことも食べたこともなく、リジーとバーバラは言葉さえ知りませんでした。

　私が、皮を剥いて、4 つ割りにして出したら、みんな恐る恐る口にして
「美味しい！」

粉末の昆布茶もみんな好きでした。

食事の後、パットとバーバラは、話がはずみます。

私が、汚れた食器を洗おうとすると、バーバラとリジーが必死に止めました。

「今日は、マリコとパットをもてなす日だから、お願いそのままにして。私たちがマリコの家に行った時も、お皿は洗わないで帰ったでしょう」

バーバラは、今日は早起きしています。

いつもなら、食後はお昼寝タイムなのに、私たちがいる限りお昼寝に行けません。

パットは、2人の昼寝の習慣もバーバラの病気のことも知らないので、のんびり構えてまだまだ話足りないようです。

私は、リジーと次回の訪問日を決めて、パットを促してキング宅を辞去しました。

帰り際に、バーバラが、パットと私にプリュツェルを2個ずつ持たせてくれました。

焼きたての2個のプリュツェルは、私とパットをほっこり温めてくれました。

パットが迷わないように、待ち合わせをした場所まで同乗して、私はバスで帰りました。

## 15）キングファミリーの新年

2020年1月某日、新年になって初めてキング一家を訪問しました。

キング家では、昨年12月に家族全員が次々にインフルエンザに罹って、私の訪問予定は、延期に次ぐ延期、やっと訪うことが出来たのでした。

最初に罹患したのはバーバラで、バーバラが治りかけた頃リジーに伝染し、その後父親と弟二人が寝込んだそうです。

バーバラとリジーは、どちらかが元気なら家事は回りますが、男性たちがダウンすると、彼らの仕事は全部バーバラとリジーに回ってきます。

　想像を絶する大変さ、だったようです。


「そんな時こそ、手伝いに駆け付けたのに」と私が言ったら、

「誰にもインフルエンザを伝染させたくなかったの」で、私にも、他の息子夫婦や親類たちにも助力を頼まず、バーバラとリジーだけで仕事をこなしたそうです。

　家事と動物の世話だけでも重労働なのに、リジーは、母屋に移転してくる弟夫婦のために、畑の雑草を全部引き抜いたとのことでした。

　引き渡される畑は、自家栽培用の野菜畑もリジーの花畑も、きれいに整地されていました。

　弟一家は、台所のリフォームだけではなく母屋の増築工事も始めたので、まだ引っ越しが出来ないでいるそうです。


　今日は、在宅している全員、キング夫妻とリジーと私が一緒に作業をします。

　家畜小屋横の空き地に自生しているホースラデッシュ（山葵）の根を掘り出して、グランパハウスの畑に移植するのです。

　山葵の根は、土を掘ってみなければどこにあるのか分かりません。

　厳寒の時期ですが、今日は比較的暖かく、地面が凍っていないので作業ができます。

　リジーとお父さんがスコップで土壌を掘り起こし、バーバラと私が土をほぐして、根を探しました。

　ごぼうの根が混じっているので、匂いを嗅いで山葵かどうか確かめます。

　匂いがしないのは、ごぼうです。

　キング夫妻もリジーも、ごぼうを雑草だと思っているので、私が山葵と一緒にごぼうの食べられそうな部分を取り分けるのを怪訝そうに見ています。

　バケツ一杯の山葵の根を掘り出すことができて、グランパハウスの畑に植え替えました。

　ごぼうは、ランチの時に、私がきんぴらにしました。

醤油がないので、味付けは塩と砂糖と酢です。

私が、「日本では栄養があるのでみんな食べるのよ。食物繊維が多いので腸に良いの」と言ったら、リジーとお父さんが食べてくれました。

柔らかい部分はほんの少しで、スが入ったごぼうばかりだったので、いつまでも口の中に滓が残り、ちっとも美味しくありませんでした。


リジーの弟2人は、3日前からメキシコへ行っていました。

土木作業のボランティアで、費用は自己負担です。

アーミッシュのユースグループの活動の一環で、3年前に始まりました。

農作業が出来ない1月〜2月に出かけ、バスで3日がかりでメキシコの現場に到着するそうです。弟たちは去年も参加しました。

メキシコへ行くにはパスポートが必要です。

「写真はどうしたの？」と聞いたら、アーミッシュは、IDカードを見せて写真無しでパスポートが作れるのだそうです。

写真無しのパスポートで飛行機に乗って外国へ行けるとは思えないので、アーミッシュのパスポートは、多分、地上伝いにメキシコやカナダに行く場合に有効なパスポートなのでしょう。

アーミッシュの若者達が、このように慈善事業で海外迄出かけていることを、ほとんどのアメリカ人は知りません。アーミッシュの若者達は、表立つことなく人の役に立てることを心から喜んでいるようです。


リジーの弟2人は、インフルエンザから回復したばかりなので、私が過酷なバスの旅を心配したら、キング夫妻は、「神にお任せしている」と言っていました。

アーミッシュの親たちは、洗礼を受けた子供たちの行動には一切口出しをしません。

どんな成り行きになっても、それは神様にお考えがあって為されたことなのです。

アーミッシュは、心から神様を敬っているので、不満を持ったり、文句を言ったりせず、何事も、結果を素直に受け入れられるのだと思いました。

　ランチの後は、バーバラとリジーはお昼寝。お父さんは羊をつれて農場へ戻りました。

　キング宅には 70 匹の羊がいます。雄は 1 匹であとの 69 匹は全部雌です。

　すごいハーレム状態ですが、雄が 2 匹いると喧嘩をするのだそうです。

　69 匹の雌が次々に子どもを生むので、いつも子羊がいます。

　この日も、3 日前に生まれた可愛い子羊が 2 匹、ヨロヨロと立っていました。

　羊の数はいつ聞いても 70 匹なので、子羊はその都度売られるのでしょう。

　午後は、リジーと薬酒を造りました。今回は、薬液ではなく、薬酒です。

　ハーブの根を細かく切ってウォッカに漬け込みました。

　アーミッシュに飲酒は厳禁ですし、バーバラはワインを料理に使うこともしません。

　"家にワインがある" と思うこと自体、嫌なのだそうです。

　ウオッカは蒸留酒です。

「ウオッカを買いに酒屋に行ったの？」驚いて私が尋ねると、

「酒屋にお母さんと一緒に行ったら、お金を払うとき、お母さんがずっと店員さんに、"薬を作るのに必要なの" と言い続けていたのよ」とのこと。

　必死に言い訳しているバーバラの顔が浮かんできて、笑ってしまいました。


　リジーは、空になった 3 個のウオッカの容器それぞれにテープを貼り付け、"薬を作るために使ったもの" と書き込んでいました。

　その容器をさらに不透明なポリ袋に入れて口を絞り、ごみ箱に入れました。

　私が、持ち帰って捨ててあげると申し出たのですが、理由を書いたので大丈夫、とのことでした。

　数か月経ったら、以前作ったハーブ液や、花を漬け込んだ薬液と混ぜて、最強の薬酒を造るのだそうです。

2020年がキング一家にとって、平和で幸せな年になりますように!

## 16) バレンタインデーに訪問

2020年2月14日、キング家を訪ねました。

バレンタインデーなので、みんなにチョコレートを持参しましたが、バーバラは息子宅の出産手伝いに出かけていて留守、今日は帰って来ません。

お父さんは、今月からアーミッシュの農機具販売の店で働くことになって、毎日夕方にならないと帰宅しないそうです。

家には、六男のギデオンとリジーがいました。ギデオンは、家の中で大工仕事をしていました。

日本では、1月から新型コロナウイルスの感染が始まり、ネットで見る日本のニュースは、コロナ一色でしたが、アメリカの東海岸では、まだ感染者は居ず、シアトルやカリフォルニアの悲劇は他人事でした。

リジーもギデオンも、コロナのコの字も知りませんでした。

私が、コロナは中国から発生したウイルスで、中国では何人も死者が出ていて、日本でも感染が始まっていること、クルーズ船が日本の港に停泊していて船内に感染者がいること、乗客にアメリカ人が多いことなどを説明しましたが、遠い異国の出来事で、豪華なクルーズ船など無縁のアーミッシュにはピンときません。コロナの話はそれで終わりました。

リジーの家は、翌週チャーチサービスの会場になります。

ギデオンは、そのために、小屋を片付けたり、バギーを止める場所を掃除したりしていました。

チャーチサービスには、大量のパイを焼くので、バーバラが喜ぶように、リジーと私はパイのクラフトを作ることにしました。

240ccのカップで小麦粉14杯が1回で捏ねられる生地の量です。

そば粉を混ぜた小麦粉14杯に、ベーキングパウダー、塩を加えてかき混ぜます。そこにラードを5カップ混ぜ込み、水をカップ2杯加えて捏ね

ます。滑らかになるまで捏ねるので、結構大変な作業です。

　同じ量で、同じ作業を 3 回繰り返します。合計小麦粉カップ 42 杯、ラード 15 カップ、すごい量です。

　リジーは、私と一緒に小麦粉を計り終えると、バーバラの代わりにヨーグルトを作ったり、ケフィアを作ったり、仕事がいっぱいあります。

　パイ生地は、3 回とも私が 1 人で捏ねました。


　ランチは、リジーがスープとチーズを挟んだサンドイッチを作ってくれて、ギデオンと 3 人でいただきました。

　ランチの後は、この日は、私も疲れたのでリジーと一緒に昼寝をしました。

　若いギデオンは、小屋に戻って仕事の続きです。

　昼寝から起きたら、リジーと私は床掃除です。

　普段は、箒で掃くだけですが、この日は床に這いつくばって床磨きをしました。

　チャーチサービスの時、女性は全員、家の中に入ってきます。

　拭き落としの無いよう、床にあるものは全部動かし、本棚の本も、1 冊ずつ取り出して乾拭きしました。台所のキャビネットの表面や食器棚の棚など、人の目に触れると思われるところは、徹底的に拭き上げました。

　リジーと床掃除をしながら、小学生の時に、学校の教室でみんなで並んで雑巾がけをしたことを思い出しました。

　リジーに、その話をしたら、

「えっ〜、日本では、生徒が学校の掃除をするの？」

「そうよ、小学校から高校まで、毎日授業が終わったら当番で、教室から、校庭、トイレまで生徒が掃除をするのよ」

「すご〜い！」

　アメリカの学校は当然の事、アーミッシュ学校でも、学校の掃除を生徒がすることはありません。

　アーミッシュを賞賛することはいっぱいあっても、アーミッシュに感心されることはないと思っていましたが、日本の良い慣習を再認識しました。

お父さんにチョコレートを手渡せないまま、リジーと次回の訪問日を決めてキング家を後にしました。リジーも私も、この後予定が立て込んでいるので、次回の訪問は、3月中旬です。

## 17）アーミッシュのコロナ情報

3月に入ると、さすがにアメリカ東海岸でも新型コロナウイルス関連のニュースが盛んに取り上げられるようになりました。

日本の横浜に停泊しているクルーズ船がテレビの画面に写り、シアトルの老人ホームでは、コロナで亡くなる人が続きます。

人々の関心が、だんだん選挙からコロナウイルスに移っているのを肌で感じるようになりました。

3月某日、キング宅を訪ねました。

今回は、キング家の全員がコロナウイルスのことを知っていました。

息子2人は、職場でラジオを聴き、リジーは一緒に働いているアメリカ人から情報を得て、お父さんは働いているお店で新聞を読んだのだそうです。

毎晩、みんながそれぞれ知った情報を話すので、バーバラもすっかりコロナウイルス通になっていました。

バーバラもリジーも、私が週末にルース夫妻とマッドセールに行くことを知っているので、すぐにマッドセールがキャンセルになったことを教えてくれました。

マッド（Mud）は、泥の意味ですが、マッドセールは、この時期にアーミッシュが主体となってあちこちで開催される野外イベントです。

馬のセリが一番の呼び物で、キルトの展示や、農機具の販売、アーミッシュの農産物も売られます。

春先の雪解けの地面で、靴やズボンが泥で汚れるので、マッドセールというのだそうです。

アーミッシュには、まだ感染者は出ていませんが、ランカスター郡もフィラデルフィアでも、爆発的に感染者が増えているので、アメリカの学校は閉鎖になり、30名以上の集会は禁止になっています。

　アーミッシュ共同体には、まだ自粛要請は出ていませんが、今後、アーミッシュのチャーチサービスはどうするのでしょう？

　リジーもバーバラも、多分通常通りにやると思うと言いましたが、お父さんは、政府が決めたことには従わなければ、と言っていました。


　この日は、春野菜の種まきと植え付けをしました。

　グランパハウスの畑は母屋に比べたら半分もないので、3 人で作業をすれば今日中に終わります。

　先ず、3 人で畑の表面を軽く耕した後、平らに均しました。

　使う道具は、長い柄のついた小ぶりの鍬で、この鍬の柄に、黒いマジックで 3 本、線が引いてあります。

　リジーが畑の端に鍬を寝かせて置き、1 本のマジックの線に合わせて土を盛って目印を付けました。鍬をずらしながら、マジックの線に沿って所々に目印の土を盛ります。

　それから、盛土の目印を繋ぎながら畑の端から端まで 1 本の溝を掘りました。

　その溝に、バーバラと私が左右に分かれて両端から小指大の玉ねぎの苗を植え付けて行きます。1 個ずつ溝に埋めたら土を被せます。

　その間に、リジーが鍬の線で間隔を計りながら、別の溝を作ります。

　その溝に、同じようにバーバラと私で、両端から今度はジャガイモの種を埋めていきます。同じ作業を同時に始めるので、バーバラと私は線の真ん中で出会うはずですが、いつもバーバラが私の方へはみ出して来ました。

　3 本目の溝は、今種を蒔くには時期が早い野菜のために空けて、4 本目の溝に、絹さやとスナップエンドウの種を半分ずつ、5 本目の溝にはトウモロコシの種を蒔きました。

　畝が 4 本並びました、

　鶏が寄ってきて、掘り返した土の中の虫を食べ始めました。ついでに折角蒔いた豆の種も突きます。リジーが鍬で追っ払いますが、すぐにまた寄ってきます。

　リジーに代わって、2 匹の犬たちが鶏を蹴散らしました。

木枠で囲んである畑には、私がラディッシュとビーツの種をばら撒きました。

　これで、春野菜の準備はほぼ終わりです。


　アーミッシュに感染者はいませんが、これからランカスターは規制が厳しくなりそうなので、4月末までは訪問を控えることにして、次回は5月中旬に訪ねることにしました。

　帰国の日が近づいているので、キング宅最後の訪問になります。


　このあと、ペンシルバニア州知事は、アーミッシュ共同体にも自粛を要請したので、アーミッシュ学校は閉鎖になり、チャーチサービスも各家がそれぞれ家族だけで行うことになりました。

　4月10日時点で、ペンシルバニア州では、コロナ感染者が25,000人、死者500名です。

　昨日から今日までの24時間で感染者が1,500人増えました。

　ランカスター郡の感染者は698名、死者は27名です。

　ランカスターは全郡で非常事態宣言が出されているので、10名以上の集会は出来ません。

　外出も禁止です。私は、キング家を訪れた翌日から、ほとんど家から出ていません。3週間の間に、1回だけ裏のマーケットに食料品を買いに出かけただけです。

　キング家の人たちは、敷地の中で、家族だけで働いている限りはコロナ感染の心配はないはずですが、目に見えないウイルス、いつどこから運ばれてくるか分かりません。

　自分のこともさることながら、アーミッシュ社会にコロナ感染が広まらないことを祈るばかりです。


　4月11日、リジーとバーバラから、イースターのカードと、それぞれが書いてくれた手紙を受け取りました。

　キング家では、毎週日曜日に家族だけで集まって、礼拝を行い、聖書を

読み、リジーが小さい子供たちのために日曜学校を開いているそうです。

　リジーの手紙には、先月 3 人で植え付けた野菜たちが芽を出して、キングファミリーも野菜たちも私に会いたがっているので、5 月まで待たずに何回でも遊びに来て、と書いてあります。

「1 人で窓も開けずアパートにこもっているなんてかわいそう。我が家は大丈夫だから、庭で、離れて座って、お茶を飲みながらおしゃべりしましょう」と。

　広々としたアーミッシュの農場で、新鮮な空気を吸って、おしゃべりが出来たらどんなにリフレッシュするでしょう。

　私も、もちろん今すぐ飛んでいきたい気分です。

　でも、知事の命令には逆らえません。

　キング家では、お父さんも息子たちも仕事は休みになって、全員家にいます。

　万が一、私が無症状の感染者だったら大変なことになります。

　1%でも感染させるリスクがある限り訪問するわけにはいきません。

　知事の「ステイホーム！」の命令が解除されるまで、アーミッシュ訪問は我慢するつもりです。


## 18）キング家最後の訪問

　5 月某日、リジーとバーバラの招きを受けて、キング家を訪問しました。

　2 人に会える最後のチャンスです。

　ランカスターは、未だコロナ感染者が増え続けていて、不要不急の外出は禁止です。

　私は 3 月中旬からずっと、州令を守ってステイホームをしていました。

　ちなみに外出禁止令は、私が帰国する翌々日に解除される予定です。


　私は、帰国の日が迫ってきたので、今週中には、銀行に口座の解約に行かなければなりません。

　口座を解約すると、もうウーバーもゴーゴーグランパも利用出来なくなるので、キング宅へ行く手立てがなくなります。

この日の訪問は、私にとっては、急を要する重要な外出です。

　朝8時ウーバーを呼び、アメリカで入手した医療用の丸型と四角のマスクを2枚重ねて顔につけ、消毒用のウエットティッシュを持ってキング家を訪ねました。

　車が止まると、リジーが家から飛び出して来ました。2か月ぶりの再会です。

　家に入ると懐かしくて、実家に帰ったような気がしました。

　バーバラが、私を質問攻めにします。

「食事はどうしていたの？　野菜は買えたの？　肉や卵は？」

「ずっと1人で居たの？　寂しくなかった？」

「毎日、あのアパートでどうやって過ごしていたの？」

「マリコがどうしているか、リジーとずっと心配していたのよ」

　母親が子どもにするような質問です。

　バーバラと話をして、自分がもうすっかりキングファミリーに馴染んでいることに改めて気が付きました。


　リジーが、コップにコンブチャを入れて持ってきてくれました。

　リジーもバーバラもマスクをしていません。

　私は、家を出た時からずっとマスクをしたままです。

　コンブチャは飲みたいけど…

　私は、ソファの端の方に移動して横を向いてマスクを取り、コンブチャを飲みました。

　その様子を見て、バーバラが、「私たちは大丈夫よ」と言いました。

　ランカスターのアーミッシュで、コロナに感染した人は1人もいないのだそうです。

　マスクも、アーミッシュは誰もしていないそうです。

　アーミッシュ共同体では、3月末に知事から集会禁止令が出された後、4週間チャーチサービスを自粛し、2回休んだ後再開したそうです。

　再開した直後の集会では、各自少し距離を置いてベンチに座ったそうですが、その次からは、いつも通りのチャーチサービスをしているそうです。

　アーミッシュは、巷のコロナ状況を映像で見ることがないので、必要以上に恐れたり、危機感を煽られたりすることはないようです。

　それに、アーミッシュは、全ては神様がお決めになった結果と信じているので、コロナに感染して死ぬことも素直に受け入れられるのかもしれません。

　ひとしきりお互いの近況報告をしたあと、みんなで畑の野菜を見に行きました。

　3月に3人で植え付けた玉ねぎの葉っぱが青々と茂っています。

　絹さやは白い花をつけ、スナップエンドウは蔓が伸び、ビーツもラディッシュも畑いっぱいに密生していました。

　リジーが手招きするので行ってみたら、畑の真ん中に小鳥の巣があり、親指大の小さな卵が4個並んでいました。

　「これからここにジャガイモの芽が出てくるのに…」リジーが少し困った顔で、でも、むしろ嬉しそうに私に言いました。

　親鳥が近くの柵に止まってピーピー鳴きます。

　リジーが親鳥に「オーケー、オーケー」と声をかけ、私たちはその場を離れました。

　畑では苺も紅い実を付けていました。

　畑の周りは、見渡す限り緑の絨毯で、牛と羊が絨毯の上で瑞々しい牧草を食んでいます。

　さわやかな風が吹き抜けて行きます。平和で、静かで、穏やかで。

　なんて心癒される風景なのでしょう。

　私は、ランカスターに住んでいる間、キング家の畑で農作業をし、牧場の風景を眺めることでずいぶん救われました。

　ホームシックにも罹らず、ひどい体調の悪化もなく、最初から最後まで楽しくリサーチが出来たのは、アーミッシュの人々のホスピタリティとこの風景の中で憩うことが出来たお陰です。

　私は、両手を広げて深呼吸をし、目に見えるものすべてに、ありがとうとさようならを言いました。

母屋のガーデンに、一輪車を押しているアーミッシュの女性が見えました。

　しゃがんで草取りをしている女性2人と、赤ちゃんを抱いた女性、傍に幼児もいます。

　今日は、母屋のお嫁さんのシスターズディなのだそうです。

　キング家の家業を継いだ息子のお嫁さんには、3人の姉妹がいて実母と4人でガーデニングを手伝いに来ているとのこと。

　バーバラもリジーも全く知らぬふりです。

　最初に挨拶はしたそうですが、その後は、お互いに全く干渉はしないそうです。


　バーバラが、裏口から「ランチが出来たわよ〜」と私たちを呼びました。

　私は、2人に会うまでは、「絶対に一緒に食卓を囲むことは避けよう！」と決心していたのですが、コンブチャを飲んだときにマスクを外し、警戒心と自制心がなし崩しに失せてしまいました。

　バーバラは、私のために昨夜パンを焼いたそうです。

　摘み取ってきたばかりのアスパラと、産みたて卵と、絞りたてのミルクでスープを作ってくれました。

　パンに添えられたバターは、リジーが数日前に1人で作ったそうです。

　2か月ぶりに味わうバーバラの心尽くしのランチは、何もかも非常に美味で、忘れられない食事になりました。


　食事の後は、いつものようにお昼寝です。

　私は台所の食卓で書き物をしていました。家の横に車が止まったので窓から覗くと、若いアーミッシュの女性が助手席から降りてきました。アーミッシュタクシーで来たようです。

　慣れた様子で裏口から入って来ると、私と目が合い、しばらく2人で見つめ合いました。

　初めて見る顔でした。

「バーバラはどこ？」と聞くので、

「今お昼寝中です」と答えたら、

「これをバーバラに渡してくれる？」白い封筒を差し出しました。

「わかりました。お名前を伺ってもいいですか？」

「レベッカよ」それから私の顔をじっと見て

「あなたは？」

「マリコです」

「じゃあ、よろしくね」すぐに帰って行きました。

　アーミッシュタクシーを待たせているので、封筒を渡すだけのために来たようです。

　郵送すれば50セントの切手代で済むのに、わざわざ単独でタクシーに乗ってやってくるからには、急を要する用件かもしれません。

　リジーが起きてきたので、

「レベッカが、アーミッシュタクシーに乗ってこれをバーバラに渡しに来たけど」

　リジーはレベッカを知っているらしく、「ああ、そう」と言って、私が手渡した封筒をテーブルの上に置きました。

　そこにバーバラが起きてきたので、封筒を渡すのかと思いきや、封筒は全然気にする風でなく、午後の作業について話し始めました。

　私は、封筒が気になって、2人の話に割って入り

「レベッカが来て、これをバーバラに渡してだって」

「ああ、レベッカね」バーバラもすぐに中を見ようとしません。


　リジーとバーバラの話し合いで午後の作業が決まりました。

　バーバラは針仕事、リジーと私はバター作りです。

　私が、ランチのバターを絶賛したので、リジーが私にバター作りの体験をさせてくれるようです。リジーが牛乳を取りに行き、バーバラがやっと封筒を開いて中の手紙を取り出しました。

　手紙は3、4枚あるようです。バーバラは、読み終えた後、私に手紙を渡して

「読んでみる？　先日ここでミーティングをしたんだけど、その時の感想を回し書きしたものなの」

バーバラが自宅を開放して、若い母親たちの相談会を開いている話は聞いていましたが、その会の感想文のようです。

会は２週間に１回開かれ、メンバーは、同じ教会区の若い母親たち13名。全員、乳幼児を連れて参加し、バーバラが１人で相談役を務めるのだそうです。

手紙には、便箋１枚分の長文から、５、６行の短文まで様々、手書きでお礼の言葉や、出席しての感想、悩み事、新しい相談などが記してありました。

封筒は13人を回った後、最後にバーバラに届くのだそうです。

回し書きなので、各人は、自分の前までの人の分しか読めません。

次回の会合の時に、バーバラが人数分をコピーしてみんなに渡すのだそうです。

ランカスターには、各教会区の中にこのようなサポートグループがそれぞれあるそうです。


リジーがバター作りの道具と、大きな瓶に入った牛乳を４本運んできました。

私には、バター作りは初めての体験です。

若草を食んだ放し飼いの乳牛たちのミルクで作るこの時期のバターは、鮮やかな黄色に仕上がり、味もとてもいいのだそうです。

リジーが、牛乳の入ったガラス瓶を湯煎にかけ、温度を見ながらかき混ぜます。

華氏50度になったところで、バター作りの撹拌容器に移しました。

もう１瓶を同じように湯煎して、同じ50度になったので容器に加えました。

２瓶で１回分です。

撹拌容器は、一斗缶と呼ばれる四角いブリキの缶と同じ形です。形は同じですがブリキではなく、厚手のしっかりしたプラスチック製です。

　蓋の真ん中に丸い穴が開いていて、4 枚の羽根がついた長い金棒を穴に通します。

　蓋をしっかり閉めて、穴から出ている金棒の先にバッテリーが取り付けられたドリルを装着します。手元のスイッチを押すとドリルが回ります。

　最初は液体なので、簡単に撹拌できますが、だんだん手ごたえが出てきて、バターが出来るころにはドリルを抑えるのに結構力が要ります。

　リジーが、何度かドリルを握る私の手を止めさせて、蓋を開けてバターの出来具合を確かめました。滑らかな状態ではまだまだで、炒り卵のような粒粒の集合体になったら出来上がりです。バターの粒が真っ黄色で、まるで菜の花のように見えました。

　大きなボウルにバターを移し、2 度目の作業にかかります。


　2 度目はリジーが湯煎の温度を 60 度にしました。

　50 度の時は、ドリルを 10 分以上廻してバターになりましたが、60 度ではすぐに手ごたえがあって、5 分ぐらいでバターが出来ました。

　以前は、電動ドリルなどなく、木製の櫂を樽の中で手で回して作っていたので、バター作りはかなり時間と手間がかかる作業だったそうです。櫂は子供たちが交代でかき混ぜたそうです。


　菜の花の塊のようなバターを少しずつ手に取り両手で挟んで絞ります。この絞り汁は、バターミルクという名前で、パンケーキなどのお菓子作りに使うそうです。

　湯煎の温度を変えて出来上がったバターは、50 度のものは柔らかく、60 度のものは固めに出来ていました。

　汁気を絞るのが結構難しく、両手で挟むと指の間からバターがにょきにょき出てきます。

　小さい頃、田んぼでドジョウを捕まえるのに、ぬるぬるした泥を両手で掴みましたが、そんな感じでした。

　かなり時間を費やして、やっと全部のバターを絞り終えました。

　絞ったバターにリジーが塩を加えてかき混ぜます。

塩を加えないバターは、舌の上で溶けて、甘くないバターキャラメルのようなまろやかな、コクのある味でしたが、塩が入ったバターは、これまた極上のバターの味がして、言葉に出来ない美味しさでした。

　バター作りが終わったところで、バーバラが食卓の上に本を4冊並べました。
　以前リジーとアーミッシュの店に行ったときに、買い損ねたバーバラの父親の本です。
　バーバラが、表紙を開いて、父親が書いたバーバラへのメッセージを、白い修正テープを張って消し始めました。2冊目を消しながら、バーバラが
「これをマリコにプレゼントしたい」と言います。
「そんな大事なもの！　もらうわけにはいかないわ」
「父の本は、まだ何冊もあるからいいの。是非もらってね」
「じゃあ、メッセージは消さないで！　バーバラの名前がそこに書いてあるんだから。
　私がアーミッシュのバーバラからもらった正真正銘の証拠になるわ」
「そうなの？　それだったらちゃんと私からマリコにメッセージを書くわ」
「私もメッセージを書きたい」リジーとバーバラは、食卓に座って全部の本にそれぞれ私に贈る言葉を書いてくれました。
　大事な大事な宝物になりそうです。

　バーバラが、リジーに、畑の野菜を収穫して私にもたせるようにと言いました。
　リジーが、「マリコも一緒に来る？」「もちろん！」
　2人で、苺とアスパラガスを摘み、葱とラディッシュを引き抜きました。
　リジーが卵ケースを持ってきたので、2人で鶏小屋に行きました。
　鶏小屋の卵は6個あり、バーバラが昨日集めた卵を6個足して1ダースにしてくれました。

　本に野菜に、ヨーグルト、何より嬉しいお土産です。

　話も名残も尽きないのですが、バーバラが夕食の準備を始める時間になりました。

　ゴーゴーグランパに電話をしている途中に、ギデオンが仕事から帰ってきました。

　ギデオンにお別れの挨拶をしているところにお父さんも帰宅して、お礼を言うことが出来ました。

　車に乗り込む直前には、シルヴァンも帰宅して少しだけ言葉を交わし、お世話になったキングファミリーの全員にお礼とお別れを言うことが出来ました。

　リジーとバーバラに6フィート離れたところからハグの真似をして車に乗りました。

　さようなら、キング家のみなさん。ありがとう!!

# 第4章

## アーミッシュにまつわる話

### 1）アーミッシュが守るべき規則（オルドヌング）

アーミッシュには、洗礼を受けた者が守らなければならない規則があります。

アメリカ人にもよく知られている規則の1つが、「自動車を運転しないこと」です。

以前は、自動車を所有することも禁止されていましたが、農業以外の職に就いたアーミッシュが必要に迫られ、自前で車を用意して、運転手を雇うようになりました。

イッシュ家でも、セメント工事を請け負うヘンリーが、トラックを所有しています。

車は所有しても、洗礼後のアーミッシュが、運転をすることはあり得ません。

運転はシャニング（村八分）の対象です。

運転しているところを誰かに見られたら、アーミッシュ社会からはじき出されることになります。

他の規則が、だんだんなし崩しになってきた中で、「運転をしないこと」は、最も厳格に守られている規則です。

もう1つの、重要な規則は、「公共の電気を使用しないこと」です。

これも以前は、電気を使用しないことがルールでしたが、太陽光パネルの普及や、蓄電器を使用することにより、自家発電で電化製品が使えるようになりました。

ケロシンやろうそくの明かりで得ていた照明は、バッテリーを使うことで、どの部屋でもスイッチ1つで灯りが点せるようになっています。

現在、様々な電化製品が、アーミッシュ用に改造されて便利に使われています。

どの程度家の中を電化するか、どのような電気器具を使うか、判断と選

択は各家庭に任せられています。

　アーミッシュ社会の、規則の緩みに一応の歯止めをかけるために、年に2度、教会区のビショップ（司教）が一堂に会して会議を行います。

　ペンシルバニア州のビショップが全員集まるので、200 人ぐらいになるそうです。

　会場は、ビショップの家の持ち回りです。

　自分の教会区のビショップの番になった時には、教会区全員でサポートします。

　ビショップは、この会議で決まった規則を教会員に伝え、守らせます。

　決まったことに、異議を唱えることは出来ません。

　規則は聖書に則り、将来、子供たちと共同体のためになるかどうかを主点に決められるそうです。

　現在、シャニングの対象になる規則は、

＊自動車の運転をしない

＊公共の電気を使わない

＊決まった服装をする

＊ドラッグを使用しない

＊お酒を飲まない

＊離婚をしない

＊楽器を弾かない

＊ダンスをしない（ダンスは、メノナイトでも厳禁です）

　アメリカでは、結婚式にダンスはつきものです。

　ニューオーリンズでは、葬送の行列が踊りながら行進していました。

　日本でも夏になるとみんなで盆踊りをします。

　古来、人間は踊ることによってコミュニケーションをはかり、親睦を深めてきました。

　しかしながら、アーミッシュはその昔、追手に見つからないように隠れ

て礼拝を行っていたのです。楽器をかき鳴らしてダンスをしていたら追手に見つかってしまいます。

　楽器とダンスの禁止には、歴史的な背景があります。


　アーミッシュにお酒は厳禁ですが、タバコは許されています。

　ランカスターには、タバコの栽培をしているアーミッシュ農家が多くあります。

　タバコ栽培は、刈入れから出荷まで人手がかかり、子供でもできる作業が多いので、家族が一丸となって働き、結束を強める貴重な労働の場にもなります。


　昔は、大抵のアーミッシュ男性がタバコを吸っていました。

　近年、健康に良くないことが知られるようになり、喫煙者が減ってきました。

　キング家のお父さんも、ずっとタバコを吸っていましたが、息子が生まれた時、喫煙する姿を子供に見せたくないと思ってタバコを止めたそうです。

　現在、アーミッシュ社会では、保守的な男性ほど喫煙者が多く、若者はタバコを敬遠する傾向にあるそうです。

　リジーは、現在タバコを吸っている人は、アーミッシュ男性の3分の1くらいではないかと言っていました。


　キング家では、息子たちに黄色のシャツを着ることを禁じています。

　黄色は、色が鮮やかで目立ち、アーミッシュの信条にそぐわないからです。

　映画を観ること、讃美歌以外の音楽を聴くことも禁止です。

　先日、キング家の末息子22歳のシルヴァンが、ショッピングモールを初めて訪れました。

　そうしたら、館内で、音楽がずっと鳴り続けるので、うるさくて我慢ができなくなり、すぐに出てきたそうです。

　私たちには、普通の音楽でも、聴き慣れないアーミッシュのシルヴァンにとっては、騒音以外の何物でもなかったのでしょう。

　音楽に限らず、私たちが普通と思っていることで、アーミッシュには受け入れがたいことが他にも色々あるのだと思います。


　2020年2月、イッシュ家を訪ねたら、ファニーとセーラが、シルヴァンが逃げ帰ったショッピングモールに行く相談をしていました。

「音楽がうるさいそうよ」と私が言ったら、

「ぜーんぜん！　もう何回も行っているけどうるさいと思ったことはないわ」とのこと。


　同じオールドオーダーアーミッシュでも、キーボードを弾く2人と、ハーモニカさえ持たないキング家の息子たちでは環境が違います。

　現在23歳と22歳のキング宅の息子たちは、ギデオンが18歳、シルヴァンは19歳の時に洗礼を受けました。リジーの受洗は17歳です。

　結婚が近いファニーと、アーミッシュとして生きる覚悟のセーラも2、3年のうちに洗礼を受ける予定です。

　10代で同じように受洗しても、考え方は人それぞれです。

　アーミッシュの世界にも、内面的な多様性が尊重される時代が来るかもしれません。


## 2）洗礼前の自由期間（ラムスプリンガ）

　アーミッシュの若者たちは、アーミッシュ学校を卒業すると、洗礼を受けるまでの数年間、アーミッシュの規則に囚われない自由な期間を過ごします。

　15歳までは、主に両親の監視下に置かれますが、16歳の誕生日を迎えると親からの束縛はなくなり、自分の意志で行動できるようになります。

　アーミッシュは、年がら年中ただ働いて…というイメージがありますが、ラムスプリンガの若者達は、アメリカ人の若者達よりもっと自由に青春を謳歌している気がします。

例外はあるにしても、生まれた時からアーミッシュとしての規範を周り
の大人から学んでいるので、アーミッシュの青年たちは、度を越した振る
舞いはしません。

　親の世代に比べれば、若者の行動範囲は格段に広くなり、活動の中身も
変わって来てはいますが、現代からしたらどれも普通の事です。


　アーミッシュの若者の一番の楽しみは、日曜日に開かれる歌の会です。

　歌の会は、日曜日の午後、会場は持ち回りでランカスターの数か所で開
催されます。

　歌の会は、デートの相手を見つける絶好の場所です。

　ラムスプリンガの時期にパートナーを見つけることが出来ないと、ほぼ、
一生独身で過ごすことになります。

　ラムスプリンガを終えた後、アーミッシュになることを選ばない若者は
どれくらいいるのでしょうか？

　人によって答えは違いましたが、5％〜10％が大方の予想でした。

　ラムスプリンガでアメリカ人の生活を体験してみて、便利だけど忙しく
温かみのない生活よりは、テレビや車がなくても、ゆったり皆が寄り添っ
て暮らせるストレスのない生活を、アーミッシュの若者たちが結局は選択
する結果だと思います。

　アーミッシュの若者達には、拒食症や過食症など、日本の若者に見られ
る摂食障害はなく、思春期特有の問題もないそうです。


### 3）アーミッシュの結婚と離婚

　アーミッシュ社会には、お見合いの慣習も結婚相談所もありません。

　アーミッシュは離婚ができないので、結婚も、受洗と同じく自分の意志
で決めるべきだという考え方だからです。結婚は100パーセント自己責任
です。


「あちこちの歌の会に出席してみても、どうしても好きな人に出会えな
かった場合はどうなるの？」

「一生独身で過ごすことになるわね」

「お金さえ持っていれば、甥や姪、親戚の誰かが面倒みるから、老後の心配はないの」

「万が一、親戚が全くなく、お金も持っていなかったら？」

「それでも、アーミッシュでいれば教会区で世話をするので大丈夫」なのだそうです。


　敬虔なクリスチャンのアーミッシュと言えど、夫婦間がうまくいかない人たちはいるはずです。

「夫婦の仲が悪くなったらどうするの？」

「まずは、夫婦それぞれが神に祈るの。祈っても改善しない場合は、親、兄弟、教会区の牧師に相談。それでもダメだと、専門家のカウンセリングを受けるわ」

　カウンセラーはメノナイトが殆どで、中にはアメリカ人のカウンセラーを選ぶ人もいるそうです。

　アーミッシュのカウンセラーもいますが、あまり行く人はいないとのこと。

　正式に離婚をすれば、シャニングされてアーミッシュ共同体に居られなくなるので、離婚を公にせず、家の中で、別居状態で暮らしている人もいるそうです。


　アーミッシュ男性は、どんな基準で結婚相手を選ぶのでしょうか？

　容貌？　年齢？　性格？　家柄？

　バーバラは、アーミッシュとしての伝統を守る度合いが同じであることが大事と言っていました。

　実は、以前、イッシュ家のルースが「セーラと、キング家の息子のどちらかがカップルになってくれたらいいけどねぇ…」ともらしたことがありました。

　最初は聞き流したのですが、2度目に言われた時に、ルースが暗に私に仲介を依頼している気がして、「私からバーバラに話してみようか？」と

言ってしまいました。

　ルースが嬉しそうな顔をしたので、バーバラに、

「ルースが、セーラとシルヴァンを会わせてみたいと思っているようだけど」と打診したら、バーバラは、一瞬沈黙した後「親は口出しできないからねぇ…」と言いました。

　イッシュ家とキング家では、保守の度合いも違います。


　セーラは 16 歳になって、外向的になりました。

　ルースが心配しなくても、そのうち歌の会で若者たちに声を掛けられるのは間違いありません。


### 4）アーミッシュ社会にもある鬱と自殺

　アーミッシュ社会では、教義的に自殺は神の意志に背く行為なので、自殺者は皆無、ストレスがないから鬱になる人はいない、と考えられてきました。


　確かに数 10 年前まで、アーミッシュ社会に、鬱や自殺はなかったそうです。

　それが近年、時代の変化に伴って、鬱になる人や自殺をする人が現れました。

　鬱になるのは、女性が多いそうです。

　原因として、アーミッシュが農業だけで生計を維持することが難しくなり、男女共、外の社会に出て働かざるを得なくなったので、ストレスを抱えるようになったことが考えられます。

　農業であれば、豊作も不作も神の意志なので、誰を責めることもありません。

　農作業の合間にリフレッシュして、気持ちの転換を図れます。

　何より、畑の中にいるだけで、自然に癒され、人間関係に悩むことはないでしょう。

　アーミッシュは、ずっとそんな生活をしてきたのに、アメリカ社会に侵食され、近代化の波を押し止めるのが難しくなりました。

　アーミッシュ共同体の、地盤のゆるい場所にいた若者達から、徐々に近代化の波に呑まれていき、今や、しっかり地面に踏ん張って伝統を固持しているのは、共同体の中心に立つ教会の重鎮と、一部のアーミッシュだけ、と言っても過言ではありません。


　急激な、環境の変化について行けず、精神を病む人が出てくるのは当然のことです。

　アーミッシュ社会に、鬱や自殺が増えてきたのは自然の成り行きに思えます。


## 5）アーミッシュとお金のはなし

　アーミッシュは、総じて貨殖に長けています。

　アーミッシュも、アメリカ人と同じように多額の税金を払うので、納税のためのお金を稼ぐ必要があります。

　また、子供が多いので、子供が独立する時に援助するお金も蓄えなければなりません。


　アーミッシュの子供たちは、働いてお金を稼いだ場合、16 歳までは稼いだお金は全額親に渡します。

　16 歳からは、半分を親に渡し、半分は自分が貰うのが普通ですが、比率は各家庭で異なり、3 分の 1 を親に渡す若者もいるそうです。

　21 歳からは、働いて得たお金は全額自分のものになります。

　リジーは、もう 10 年以上、全額自分の収入にしているので、それなりに貯金ができ、将来のために家を 1 軒ローンで購入しました。

　現在、その家を貸家にして、家賃を得ながらローンを返済しています。


　アーミッシュの親たちは、子供からもらったお金は、結婚に備えて貯蓄しているのが普通です。

アーミッシュの若者は、大体21歳前後で結婚します。

アーミッシュは、子供が結婚する時、結婚式の費用、新居の準備のための費用など、全て親が負担します。

花婿花嫁側で、費用の分担が項目ごとに決まっており、例えば、結婚式の料理にかかる費用は花嫁側が負担、新生活に必要な家具類は花婿側が負担、という具合です。

子どもからお金をもらうのは、そのための積み立て貯金のようなものです。

バーバラが、息子たちの結婚に際して用意した品物のリストを見せてくれました。家具や道具の名前が紙一面に列記してありました。


ランカスターの街中には、アーミッシュが所有する貸家が、結構な数存在します。

町の不動産屋を通して貸している場合もありますが、口コミや、ネットに広告を載せて、借主を募ります。

キング宅では、前述したように、リジーが自宅からそう遠くないところに一戸建てを所有していて、アメリカ人の家族に貸していますが、リジーの兄も、ランカスターの街中に貸家を持っていて、家賃収入を得ています。

イッシュ宅でも、結婚している子供たちが、ランカスターに貸家を持っています。


子犬の販売は、アーミッシュに人気のビジネスです。

私がリサーチしているアーミッシュ家族も、アンナ宅以外は全家で子犬の販売をしています。

キング宅では、雄犬1匹に雌犬4匹がいて、4匹の雌犬が交代で子犬を生みます。

年に2、3回、1回に付き平均5〜6匹、多い時は10匹の子犬が産まれるそうです。

非常に割のいい商売です。

子犬を販売する時には、ネットに広告を出します。

広告会社に連絡をすると、直ぐに写真を撮りに来てネットに掲載してくれます。

アーミッシュの子犬は人気があり、ネットに載せるとすぐに買い手がつくそうです。

但し、子犬は、生後8週間経たないと売ることが出来ません。

健康状態を確認するためです。

生後2、3週目の写真を載せると、8週間経って買い主に渡すときに、写真と違う、とクレームがついたり、キャンセルされることもあるそうです。

写真と実際の見かけが変わらないようにギリギリまで待つと、広告が遅すぎて、売り損なうことがあるそうです。


キング家の犬は中国原産のチャウチャウ犬で、1匹950ドル前後しますが、遠くカナダから買いに来たこともあったそうです。

イッシュ家の犬は番犬になりそうな猟犬で、S家の犬はあまり大きくならない可愛いダックスフンドのような犬です。

S家では、子犬の販売は今年16歳になった長女の仕事で、売買の交渉も彼女がします。


イッシュ家では、昨年末から、ルースが、週に2〜4日自宅でベビーシッターの仕事を始めました。

預かる赤ちゃんは男女の双子で、父親は元アーミッシュ、母親はパナマ人です。

母親は、ランカスター空港内で働いていて、非常勤ながら給料が高いので、出産しても仕事を辞めないのだそうです。

私がイッシュ家を訪ねた日に、ルースが1人でベビーシッターをしている日があり、一緒に赤ちゃんの世話をしました。

ルースは10人の子供を育てたうえに、先日11人目の孫が生まれたばかりです。

赤ちゃんの扱いに慣れていて、ベビーシッターを軽々とこなしている感

じでした。

　朝9時半から夕方4時まで預かって、1日50ドルもらうのだそうです。「双子なのに。一人25ドルは安すぎない？」私がそう言ったら、「アーミッシュの友人にも、もっともらうべきだと言われた」と言っていました。

　今はまだ、赤ちゃんたちがハイハイもできないので、寝かしておけますが、すぐに家の中を這いまわるようになるでしょう。

　そうなったら、家事ができないので、ルースはベビーシッターを止めるそうです。


　S家では、数10頭の乳牛を飼っており、牛乳と、広大な畑で収穫される農産物の販売が主たる収入です。

　キング家は、畜産業の他に、所有する農地を他のアーミッシュに貸していて、その収入と、牛乳とヨーグルトの販売で収入を得ています。

　アンナ宅も、家の周りに広大な農地を所有しており、他人に貸して収入を得ています。

　イッシュ家の収入源は、ヘンリーが自営するコンクリート業です。


　どの家も、家屋の横や裏に広い畑があり、野菜は自給自足です。

　卵も、放し飼いの鶏たちが毎日卵を産むので、買う必要はありません。

　野菜はオーガニックで、鶏に人工飼料は与えないので卵は生で食べても安心です。

　アーミッシュの卵で作ったクッキーやケーキは、美味しさが違います。


## 6）アーミッシュ女性のドレスの変化

　アーミッシュ男性のシャツやズボンの形は、100年経っても変わりませんが、女性のドレスは、色も、形も、素材も少しずつ変化しています。

　アーミッシュ女性の規定のドレスは、色は無地、前開きで、ボタンを使わず、虫ピンで留めるようになっています。

　現在、若い女性が作るドレスは、ボタンも虫ピンも不要な、頭からかぶ

る形です。

　袖口に工夫が凝らしてあって、リボンをつけたり、チロリアンテープをぐるりと縫い付けたり、袖口がフリルになっていたりします。

　若い女性が好む布地は、単色ながら模様織になっていて、光の当たり具合で微妙に色が変化します。


　大人も子供も、今時、木綿のドレスを着ている女性は滅多にいません。

　みんな化繊の、アイロンがけが不要なドレスを着ています。

　アーミッシュ女性のドレスは、夏用も冬用も生地は同じで、袖の長さが違うだけです。

　ドレスの色は、空の青、土の茶色、木々の緑が基本です。

　それに加えて、紫や小豆色、ベージュやグレーなどの地味な色合いに規定されています。


　しかしながら、近年は、真っ赤なドレスや、派手なピンク色のドレス、イエローのドレスまで見かけるようになりました。

　単色でありさえすればなんでも可、の印象を受けます。

　S家の長女が好きなドレスの色はショッキングピンク、イッシュ家のセーラが縫い上げたドレスは真紅です。

　ルースが、ファニーとセーラの、各々のクローゼットを開いて見せてくれました。

　どちらのクローゼットにも、色とりどりのドレスが30着以上並んでいました。

　ルースが娘だった頃は、せいぜい7、8着持っているだけだったそうです。

　クローゼットなどなかったので、壁に掛けていたそうです。

　自分の時代とは何もかも違う、とルースは言っていました。


　アーミッシュの花嫁が結婚式で着るドレスの色は、ブルーかパープルが一般的ですが、近年はピンクやグリーンなど自分の好きな色のドレスを着

る花嫁が増えてきたそうです。

　結婚式用に、花嫁の母親や姉妹も同じ布地で同時にドレスを仕立てることが多く、結婚式には同じ色、同じ形のドレスを着た家族が並びます。また、叔母や従妹など親戚の女性たちも事前に確認して、同じ色のドレスを着るように努めるそうです。

　花嫁のドレスの色を知らない友人が、たまたま同じ色のドレスを着て結婚式に現れると、それは花嫁にとっては非常に嬉しいことで、2人は手を取り合って喜ぶそうです。

　同じ色のドレスは式場に調和を生み、落ち着きを与え、アーミッシュらしいまとまりを感じさせるのでしょうか。

　花嫁は、ドレスの上に純潔を証す白いケープ型のエプロンをつけます。

　結婚式に着用した白いエプロンは、大事に保管して、自身の死装束に使用します。

　既婚女性が白いエプロンをすることはありません。


## 7）アーミッシュ女性のおしゃれ

　前述したように、S家の長女は、歯に矯正器具を付けています。

　アーミッシュの女性は、あるがままの自分を受け入れているはずなので、長女の口元を見た時、少し驚いて、違和感を覚えました。

　長女の周りでは、歯の矯正をするアーミッシュ女性が増えているのだそうです。

　イッシュ家のファニーとセーラは、カウボーイブーツが好きで、何足も持っています。

　アーミッシュの服装規定では、女性の靴は、黒革のひも付き短靴と決められています。

　または、黒いゴム長靴です。

　現在は、多くのアーミッシュ女性がスニーカーを履いています。

　ドレスを着ると、足元は見えないので、ファニーとセーラは、カウボーイブーツを履いてこっそり隠れたおしゃれを楽しんでいるのでしょう。

　アーミッシュ女性は、お化粧を全くしません。

　そのせいか齢を取ってもシミがなく、肌が綺麗です。

　キング夫人に、顔を洗った後何を塗るのか聞いたら、何もつけない、何も塗らないという返事でした。

　アーミッシュ女性は、装飾品も禁止されているので、イヤリングもネックレスも、指輪も、腕時計もしません。

　同じ髪形をして、同じようなドレスを着ているので、人と違うおしゃれをするのは難しい状況です。ドレスの色で個性が出せるくらいでしょうか。

　それでも、外出時におしゃれをする方法が全くないわけではありません。

　私が、アーミッシュ女性がそれを持っている姿を目にするたびに、意識的にではないにしろ、おしゃれをしているのだと捉えているアイテムがあります。

　そのおしゃれのアイテムとは？

　四角いビニール製のバッグです。

　みかん箱より少し小さいぐらいの、蓋つきの手提げです。

　物がいっぱい入れられそうで、中を見られる心配がなく、濡れても大丈夫、荷物が多い外出時や買い物に便利そうです。

　昨年の春から秋にかけて、私がバスの中で見かけたアーミッシュ女性は、ほぼ全員そのバッグを持っていました。

　チェックの柄があったり、縞模様があったり、花柄だったり、幾何学模様だったり、風景画だったり、デザインは様々ですが、どのバッグも色合いが絶妙で個性的なのです。

　このバッグを、アメリカ人が持っているのを見たことがないので、多分、アーミッシュ女性の間で流行っているバッグなのでしょう。

　自家用車で出かける女性には、必要がないバッグです。

　バスに乗り込んでくるアーミッシュ女性は、例外なくそのバッグを下げていました。

2人連れだと2人の、3人連れだと3様の、それぞれのおしゃれのセンスが垣間見られます。

　アーミッシュ女性が、昨年のバッグを、流行は去ったからと、簡単に反故にするとは思えないので、今年も、春になればまたみんなこのバッグを下げてお出かけするはずです。
　それとも、このバッグを皮切りに、今後アーミッシュ社会にも、流行という名の流行り廃りの波が押し寄せるようになるのでしょうか。

　ある時、ファニーとルースが『パパサンチェアー』なるものについて、額を合せて話をしていました。ファニーの彼が、『パパサンチェアー』を欲しがっているので、ファニーが、クリスマスにサプライズプレゼントしたいのだそうです。
　しかしながら、ファニーもルースも、パパサンチェアーが何なのか知りません。
　何となく日本語っぽいネーミングなので、私も2人の話し合いに参加してみました。
「チェアーと言うからには、椅子でしょう？」
　3人とも椅子であることには賛成です。
「パパサンって何かしら？　マリコ知ってる？」
　私の頭に浮かんだのは、蝶々夫人のパパサンと、援助交際のパパさんぐらいで、どちらもアーミッシュに説明するには憚られます。
「彼は、どうやって『パパサンチェアー』の存在を知ったの？」
「アメリカ人の友達から聞いたみたい」
「どこで買えるのかしら？　きっと高いわよね」
　ルースは、値段の心配をしています。
　私が、家に帰ってからネットで検索することにして、その日の談義は終わりました。

　翌週、プリントアウトした『パパサンチェアー』の写真と説明書き、値

段の一覧表などを持参すると、ファニーも独自に調べたらしく、写真を見て、「そうそう、これなのよ！」と言いました。

　パパサンチェアーは、アメリカ人の若者の間で流行っていて、ファニーの彼は、アメリカ人が持っているものは何でも「クール!!（かっこいい）」と思うのだそうです。


　将来、アーミッシュ社会の衣食住に、これまでなかった『流行』という概念が生まれ、アーミッシュの若者達が、アメリカ人と同じように流行り物のバッグを持ち、流行り物の靴を履き、流行り物の食べ物を食べにレストランに行き、パパサンチェアーを部屋に置くようになるかもしれません。

　そういえば、私は最近、「SUSHI を食べたことがある」、「SUSHI が好き」というアーミッシュに出会うようになりました。

　もうすでに、イッシュ家とキング家では、私が作った巻きずしを食べて、家族のみんなが寿司の存在を知り、SUSHI に興味を持ち始めています。

　そのうちアーミッシュの間で、SUSHI が流行ってくる可能性がないとは言えません。


## 8）アーミッシュ女性のキャップ

　アーミッシュ女性は、聖書の教えに従って、髪を見せないように頭にキャップを被ります。

　チャーチサービスの時には女性は全員、赤ちゃんから年寄りまで、キャップを被るように規定されています。

　少女たちは、普段は無キャップですが、アーミッシュ学校の 7、8 年生になると、日常的にキャップを被るようになります。


　キャップの形は、地域で異なっており、ランカスターのアーミッシュ女性が被るキャップは、白いオーガンジーのハート型をしたものです。

　私は、昨夏メーン州に旅行した際、内陸の山間部で思いがけなくハート型のキャップを被ったアーミッシュ女性を見かけました。

　ランカスターのアーミッシュが、こんなメーン州の山奥にまで旅行する

のか？

　後日、キング夫人に聞いたら、以前ランカスターに住んでいたアーミッシュの数家族が、農地の安いメーン州に集団で移転したのだそうです。

　ランカスターは、土地の値段が高い為、農地を購入するのは困難です。

　そのため、農業を生業にしたいアーミッシュの家族がまとまって、現在でも、州内や他州に集団移転をしています。

　彼らは、その新天地（Daughter Settlements 娘の定住地）で、ランカスターの規則や生活様式を継承しています。女性のキャップもその一つです。

　本来は、キャップもドレス同様自分で作るべきものですが、現在は、キャップ専門に請け負い製作してくれるアーミッシュ女性がいて、自分で作る人が減少したそうです。

　値段は大体 20 ドル前後とのこと。

　私も、オーダーしたかったのですが、キャップは神聖なものなので、アーミッシュ女性のものしか作らないとのことでした。

　私は、なんでも売ってくれるアンナのお下がりを手に入れましたが、大きすぎて合いません。

　ランカスターでは、メノナイトは、丸くて浅いキャップを被るので、アーミッシュと同じ無地のドレスを着ていても、キャップで区別が付きます。

　ハート型のキャップは珍しく、バーバラは、他地区のアーミッシュに変な形と思われている、と言っていました。

　私は、オハイオ州のアーミッシュを視察にいきましたが、メノナイトもアーミッシュも丸いコップ型のキャップで、生地はオーガンジーより厚くて透けないものでした。

　複数のアーミッシュ女性に、どうしてランカスターだけハート型なのか尋ねましたが、誰も由来は知りませんでした。

　ある日、キング宅を早めに訪問したら、リジーが、シャワーを終わった

ばかりで、髪を垂らしたまま私の前に姿を現しました。

　背中まである長い黒髪で、生まれてから一度も切ったことがないそうです。

　2人で話をしているところに、玄関先に親戚の男性が訪ねてきました。

　リジーは、悲鳴を上げて奥へ駆け込みました。

　バーバラが言うには、キャップを被っていない姿を見られるのは、裸を見られるくらい恥ずかしいことなのだそうです。

　私もその日まで、リジーが、というよりアーミッシュの大人の女性が、頭を覆っていない姿を見たことは、1度もありませんでした。

　キャップを被っていない時には、必ずネッカチーフを頭にしています。

　キャップについている2本のあごひもは、普段は、結ばずに垂らしていて、礼拝の時やフォーマルの場では、あごの下で結びます。

　バーバラとリジーは、時々ひもが付いていないキャップを被っています。

　家の中や農場で働くときにひもが邪魔だからだそうです。

　多分、キャップが古くなると、ひもを取りはずして仕事用キャップにするのでしょう。


　リジーが、キャップなしの姿を見せられる男性は、父親と兄弟だけだそうです。

　母親と兄嫁以外の女性にも、髪を覆わない姿を見られるのは恥ずかしい、と言っていました。

　この日、リジーは、洗いたての長い黒髪を、恥じることなく私に見せてくれました。

　リジーと、裸の付き合いができる出発点に立ったことを実感しました。


## 9）馬にガソリン？

　アーミッシュが住む町のレストランで、ランチを食べていた時のことです。

　50メートルぐらい先のガソリンスタンドに、アーミッシュの馬車が、車と一緒に並んで給油しているのが見えました。

初めて目にする光景です。

「え〜なぜ？　そうか。馬車の後部に付いている三角形の表示板や、左右のライトに、ガソリンが必要なのね」

後日、バーバラに確認すると、

「馬車のライトや三角形の表示板には、バッテリーの電気を使用している。農機具のモーターや、発電機を動かすのにガソリンが必要で、1年に1〜2回、ガソリンを買いにガスステーションに行くの」だそうです。

車には、ガソリンが入ったポリタンクは乗せられませんが、馬車には乗せられるので、むしろアーミッシュにとっては都合のいいことです。

ガソリンスタンドでポリタンクにガソリンを給油していると、バーバラはいつも左右の車の人たちから、「お宅の馬はガソリンで走るのかい？」とからかわれるそうです。


先日、安くておいしいと評判の、アーミッシュのアイスクリーム店に行きました。

店にいるのは全員アーミッシュ女性です。

壁にかかったメニューを見ていると、突然、目の前の窓越しに馬車が現れました。

店員さんが窓を開けると、御者台からアーミッシュの女性がアイスクリームを注文しています。

その窓は馬車専用のドライブスルーだったのです。


近年、ランカスターでは、マクドナルドや、銀行のドライブスルーに、車に交じってアーミッシュの馬車が並んでいるのを見かけるようになりました。

長年、アメリカの俗社会と距離をおいていたアーミッシュが、自ら、境界線を越えて、アメリカ社会に歩み寄ってきた感がします。


私は、ランカスターの街の真ん中に住んでいるので、アーミッシュの人は見かけても、アーミッシュの馬車を見ることはありません。

　それが、最近、日曜日の午後に限りますが、私のアパートの前の道路を、馬車が通り過ぎていくようになりました。

　馬のひずめの音は響くので、馬車が来たことは、家のどこにいても気が付きます。

　馬車のスピードは速く、すぐに見えなくなります。

　窓下の道路は一方通行なので、帰りの馬車を見ることは出来ません。

　日曜日は交通量が少ないので、馬車でも、危険なく走れるのは確かです。

　先週は、1ブロック先の道路で、荷台付のアーミッシュ馬車が、梯子や木材を荷台に積んで走っているのを見ました。数日後、同じ道路を、別の箱型の馬車が走っていました。

　直近の2、3か月で、合計3台の馬車を見たことになります。

　今まで、ランカスターの街とは距離を置いていたアーミッシュの馬車が、ついに、自らのタブーを破って、ランカスターの中心地まで進出してきたのでしょうか？？

　もし、アーミッシュの馬車が、ランカスターの街中を、頻繁に往来するようになったら、どうなるのでしょう？

　馬車のために、車が道路をスムーズに走れなくなり、スローダウンさせられるのは明らかです。

　交差点では、馬と車の衝突事故、道路では、馬車と車の接触事故が起こるでしょう。

　あるいは、馬が落としていく糞尿に、文句を言う市民がいるかもしれません。

　ランカスター市民の不満が募って、アーミッシュとアメリカ人の、今までの平和な均衡が崩れてしまう恐れもあります。

　私が今回実施したアンケートで、アメリカ人に
「運転中、アーミッシュ馬車のせいで、減速を余儀なくされたら不満を感じるか？」と問うたところ、5年前のアンケートでは、イエスと答えた人

は少数だったのに、今回の調査では、不満を感じる人が大幅に増えました。

　アーミッシュの馬車は、1頭立てで、1時間に10マイル走ります。

　2時間ごとに、馬に餌をやり、水を飲ませて休ませれば、30マイルから40マイルは走れます。

　長い距離を走る時は、2頭立てにしますが、最近は、アーミッシュの人たちは、長い距離は馬車で行かず、アーミッシュタクシーを利用するようになりました。

　アーミッシュの居住地は、ランカスターの街から5マイル〜10マイルの所にも多数あります。

　馬車で30分から1時間の距離です。

　交通渋滞を引き起こすことなど気にせず、アーミッシュの馬車が、どんどん、ランカスターの街の中にやってきたら？

　ランカスターの街の中には、お金さえ払えば、馬車を停めておける駐車場があちこちにあるので、駐馬に困ることはありません。

　今後、これまではアメリカ社会と距離を置くために、敢えて近づかなかったランカスターのあらゆる場所を、アーミッシュの馬車が、普通に走る日が来ないとは言い切れません。

　車の運転を解禁しないかぎり、アーミッシュタクシーにお金を払うのが馬鹿らしくなったアーミッシュの若者達は、自分の馬車で、どこにでも出かけたいと思うようになるはずです。

　馬車は、アーミッシュのアイデンティティを証明する重要な乗り物です。

　車の運転が解禁されて、アーミッシュが馬車を手放すようなことになったら、アーミッシュの生活は根本から変わってしまい、アーミッシュはアーミッシュでなくなる気がします。

　アメリカ人が自家用車でどこにでも出かけていくように、アーミッシュも、誰かに多少の迷惑が掛かろうと、危険でない限り堂々と馬車を駆って行きたいところに行っていいのです。

　どうかアーミッシュが馬車を車に乗り替える日が来ませんように！

### 10) 月曜日は洗濯日

アーミッシュ社会では、洗濯は 100 パーセント女性の仕事です。

アーミッシュの女性は、毎週月曜日には必ず洗濯をします。

もし、洗濯物を干す時点で雨であれば、洗濯物は小屋の中や地下室に干しますが、天気予報が土砂降りになると言わない限り、空模様が少々おかしくても外に干します。

アーミッシュの家は、どの家も、屋外の離れたところに高いポールが立ててあり、ベランダや軒先とポールの間に鉄製のロープが張られています。

干場とポールには、それぞれ滑車が取り付けられており、ロープはこの間をぐるぐる回る仕組みです。ロープは、手繰ると容易に回り、撓まないように途中でロープを並行に繋ぐ器具があります。

ロープが長い場合はこの器具を一定の間隔を置いて 2 個装着します。

干場とポールの間が短く、重いものを干さない場合は、器具は不要です。

洗濯物は、種類別に、ドレス類、男性のズボン、シャツ、バスタオル、タオル等と並べて干します。見た目が揃っていて美しい所以です。

男性の下着は外に干しますが、女性の下着は、大きな丸い小物干しに下げて、人目に付かない家の裏か地下室に吊り下げます。

洗濯は、殆どの家庭で、四角いシンクが 2 個 L 字か横に連結して、真ん中に手回しローラーが付いた電気洗濯機を使っています。

シンクの 1 個が洗い用で、もう 1 個がすすぎ用です。

洗いが済んだら、真ん中のローラーを手で回して水けを絞り、すすぎ用のシンクに浸けます。

ざぶんと浸けたら、再度ローラーで絞って終わりです。

リジーの家には、脱水機があるので、絞り終わった洗濯物を、脱水機にかけて、さらに水を切ってから干します。

ルースの家には脱水機がないので、ローラーで絞ったらそのまま干します。

S 家には、実は全自動洗濯機があります。

途中でローラーを回す必要がないので、かなり楽です。

　リジーに脱水機を使うのなら、全自動洗濯機にしたらどうかと提案したら、キング家は、洗濯に太陽光蓄電器を使っているので、電力が足りず無理だと言っていました。

　キング家の洗濯機は、地下室のコンクリートの上に置いてあって、かなりスペースがありますが、イッシュ家の洗濯機は、家の中のクローゼットに収納されており、ドアを閉めると洗濯機が見えないようにしてあります。

　イッシュ家には洗濯機の傍に脱水機を置くスペースはありません。

　脱水機を使わなくても、干す時間を長くすればそれなりに乾くのでそれでいいのです。


　アーミッシュは、一旦外に干すと、途中小雨が降りだしても、あわてて取り込んだりしません。

　台風でも来ない限り、そのまま干しっぱなしにして、1日でも2日でも、乾くまで待ちます。

　日本人のように、神経質にすすぐわけではなく、汚れさえ落ちればいいので、酸性雨など気にしないのです。

　それに、日本では、あの家は干しっぱなしにしてだらしない、とか陰口を叩かれそうですが、アーミッシュは非難されることはありません。


　冬場、ストーブを焚いているときは、取り込んだ洗濯物が湿気ている場合は、ソファやテーブルの上に広げて乾かす場合もありますが、夏場はあまり気にしません。


　イッシュ家でもキング家でも、洗濯物の中で、ハンカチやバンダナの量が非常に多いので、バーバラにそう言ったら、「アーミッシュの男性は、ちり紙の代わりにハンカチを使うから」とのこと。

　日本人なら、ティッシュペーパーを盛大に使い捨てるところを、アーミッシュの男性は、そのような資源の無駄遣いはしないのです。

　私は、日本にいる時、花粉症の時期になると、毎日ティッシュペーパーを箱ごと持ち歩いて、大量の紙を使い捨てていました。

　アメリカは、日本に比べてティッシュペーパーが高いので、湯水のようには使いませんでしたが、それでも意識して節約することはありませんでした。

　ティッシュペーパーを使わないことは、地球温暖化の防止にも貢献できます。

　帰国したらアーミッシュを見習って、手持ちのハンカチをフル回転させて、ティッシュペーパーの代わりにしようと決心しました。


## 11）アーミッシュのレジャー

　真夏のある日、イッシュ一家は、嫁いだ娘たちの家族と一緒に湖水浴に行きました。

　末娘のヴァーナが、真っ赤に日焼けして、腕の皮があちこち剥けかかっていました。

　背中と肩には、火傷の薬を塗ったそうです。


　数年前からアーミッシュの若者達の間では、夏に海水浴に行くことがブームになっていました。

　でも、年配者や16歳以下の子供たちは、アメリカ人のいる海岸へは行きたくありません。

　そのような状況を察して、自分の敷地に池や湖沼を所有するアーミッシュが、飛び込み台を設置したり、水辺の周辺を整備して、1日貸し切りでレンタルする商売を始めました。

　ランカスターに2〜3か所あって、料金はどこも1日100ドルです。

　施設内にバーベキューの設備があり、食材を持ち込んで料理ができます。

　夏休み中はどこも、平日でも、予約でいっぱいだそうです。

　イッシュ家は、1家族20ドルずつ出し合って既婚の娘たちの家族と平日にレンタルしました。

　生まれてから1度も泳いだことがないルース以外は全員水に入り、ラン

チにはバーベキューをして、終日楽しんだそうです。

　アーミッシュの誰もが好きなレジャーにピクニックがあります。
　遠足ではないので、お弁当を持ってテクテク歩くわけではありません。
　外のベランダで食事をするのも、庭でバーベキューをするのもピクニックです。
　ルースは、この湖水浴のことをピクニックと言っていました。
　アーミッシュの女性は何を着て泳ぐのでしょうか？
　先ず、リジーが自分の水着を見せてくれました。
　スクール水着のような黒いワンピース型の水着に、スカートが付いたものでした。
　水着というより、丈の短い袖なしのワンピースのような感じです。
　スカートは、リジーが自分で縫い付けたそうです。布地に、かすかに白い模様が入っていました。
　次に、ファニーの水着を見せてもらいました
　やはりワンピース型ですが、リジーの水着に比べ、胸の空きが広く、色も、黒地に白い線の模様が入っていて、モダンな感じでした。
　リジーと同じようにウエストにひらひらのスカートがついています。
　ルースが「私が縫い付けたの」と言うので、思わず笑ってしまいました。
　ヴァーナの水着は、全くのスクール水着です。
　ヴァーナの水着には、スカートは付いていません。
　アーミッシュ女性は、公共の場でキャップなしでは居られないので、泳ぐときには、水泳用の帽子を被るそうです。


　この話を聞いた後、Ｓ宅を訪問したら、Ｓ家でも近くに住むＳ夫人の妹家族と一緒に湖水浴に行ったそうで、子供たちが皆日焼けをしていました。
　イッシュ家とは違う施設で、料金はやはり100ドルだったそうです。
　Ｓ家では、夏休みのレジャーに、アーミッシュタクシーを雇って、フィラデルフィアの動物園にも家族全員で行ったそうです。
　花火も見に行ったというので、アーミッシュが家で花火をすることがあ

るか聞いたら、家ではしたことがないそうです。

　動物が花火の音に驚くからかと思ったら、花火は値段が高くてもったいないからアーミッシュはしないと言っていました。

　関係ない話ですが、湖は、英語で lake（レイク）と言います。
　イッシュ家には、敷地の端に湖とは言えない小さな池があります。
　ある時、洗濯干しが終わった後、セーラがレイクに行こうと言いました。
　私は、魚釣りでもするのかと思い、「今日の食事をゲットしにいくのね」
　私の言葉にセーラは怪訝な顔をしています。
　セーラが物置小屋に入ったので、釣竿を出してくるのかと思ったら、熊手を 2 本持って出てきました。
　1 本を私に渡し、「マリコはそっちからレイクして」と言います。
　スマホの辞書で調べたら、セーラのレイクは、Lake ではなく、Rake でした。
　Rake は、熊手で葉や灰を集めること、つまり落ち葉掻きのことです。
「食事をゲットしに」なんて、自分の言ったことがおかしくて、笑いがこみ上げてきました。

## 12）子供の名前も今風に
　日本では、子供に付ける人気の名前が毎年変わります。
　昔は、女の子は「子」が付くのが普通でした。
　男の子は、最後に「男」や「郎」「輔」などが付いていました。
　近年は、「子」が付く名前は珍しく、男子は一字の名まえが人気だそうです。

　アーミッシュの場合、男女とも名前のバラエティーは少なく、同じ名前を踏襲してきました。
　男子だと、「Issack」「Samuel」「Elmer」「Henry」「Daniel」「Amos」「David」「John」「Jacob」など。
　女子で多いのは、「Katie」「Mary」「Barbara」「Emma」「Rachel」「Lizzie」

「Ruth」「Lydia」などです。

　数年前の教会員名簿を見ると、上記を含め馴染みのある名前がずらりと並んでいます。


　ところが、最近の教会員家族名簿では、今まで見たことがない名前が散見されるようになりました。例えば、2つ続いた名前、「Jeremiah Seth」「Rose Aleah」「Grace Abigil」「Kayla Rose」などです。

　バーバラは、アーミッシュの男子の名まえで「Mikiah」など、聞いたことがない、と言います。全体的に、アーミッシュらしくない名前が増えているそうです。

　アーミッシュは、昔の日本人の気質に似ていて、個人的に目立たず、控えめに謙虚であろうと努めます。命名はその生き方の1つです。

　どの親も、子供に名前を付ける時には、アーミッシュ社会に調和する伝統的な名前を選んできました。しかしながら、最近の若い親たちは、我が子に、人とは違った今風の、おしゃれな名前を付けたがるようです。


　アーミッシュ学校には、生徒の氏名が記された紙片が、学年別にずらりと貼ってあります。

　訪問者は、その氏名を読みながら、生徒の家族に思いを馳せます。

　家族で繰り返される名前が多いからです。

「JANUARY 2020」に載っていた、ランカスター在住、現在83歳のKatie Beilerさんの話ですが、彼女の祖母の名前はBarbara、その娘の名前はAnnieでした。

　Annieは、娘にBarbaraと命名しました。

　Barbaraは長女にAnnieと名付け、Annieは娘にBarbaraと名付けました。

　Barbaraの娘はAnnieと言う名前で、現在14歳だそうです。

　今風の名前が増えると、苗字は変わらずとも家族の誰かを想像することが難しくなります。

　その結果、折角学校を訪問して地域の子供たちのことを知ろうとしても、どこの誰だかわからないまま帰宅することになります。

　親から洒落た名前を付けてもらった子供たちが、数年後、学校に行くようになったら、教室の壁にアーミッシュらしくない個性的な名前がずらりと並ぶのでしょうか。

　ちなみに、ランカスターでは、アーミッシュの苗字で一番多いのは、Stoltzfus です。

　電話帳 612 ページのうち、155 ページが Stoltzfus です。

　ランカスターのアーミッシュは、四分の一が Stoltzfus 家ということになります。

　私がその話をバーバラとリジーにしたら、ふたりとも懐疑的で、

「そうかなあ。他にもっと多い名前がありそうだけど」

　バーバラが、キング家が所有している地域の電話帳を取り出して調べると、200 ページのうち 50 ページが Stoltzfus でした。

　そのなかでも、John Stoltzfus という名前が断トツに多く、5 ページに及びます。

「誰もかれも『ジョン・ストルツフス』だったら、どうやって区別するの？」

「ニックネームで呼ぶのよ。『ジョン・ピーナッツ・ストルツフス』とか『ジョン・スウイフティ・ストルツフス』とか」だそうです。


## 13) ガーデニングをしない主婦は怠け者？

　アーミッシュ社会では、自家用の野菜作りと、生垣、花壇の世話は主婦の仕事です。

　アーミッシュの家は、どの家にも前庭に花壇があり、年中花々が咲き揃っています。

　花がない冬には、観賞用のカリフラワーや南天などが植えられます。

　主婦たちは、暇があると前庭に行って、雑草を抜いたり、花壇の枯れた花や葉を取り除いたり、生垣の虫を除けたり、植え込みの手入れをします。

　バーバラに、「野菜を作らない主婦はどうするの？　どこで野菜を買う

の？」と聞いたら

「野菜を全く作らない主婦はいないと思う。自分の家で作らない野菜は、作っている家から分けてもらったり、野菜を交換したりする。だから色々な種類の野菜を作るの」

「少ししか野菜を作らない主婦は、あちこちもらいに行かないといけないわね。それは恥ずかしくないの？」

バーバラは、ぽんと膝を打って、「その通り！　マリコは頭がいい」と言いました。

日本なら、普通の主婦が普通にやることを、普通の主婦である自分もやるのは当たり前、やらないのは恥ずかしいことです。後ろ指をさされます。

アーミッシュの社会でも、自家用の野菜を作らない主婦は、怠けていると思われるようです。

自家栽培をしようがしまいが、他人には分からない裏庭の野菜作りにさえ、怠ると、アーミッシュの主婦は罪悪感を持つのですから、他人に見られる花壇の手入れに余念がないのは当然です。

S家もイッシュ家もキング家も、前庭も裏庭も、日本の標準的な家が何軒も建つくらい広く、手入れは本当に大変です。

ちなみに、私が訪問するどの家にも、ブドウやベリー類以外、リンゴや桃やサクランボなどの果物の木は１本も植えられていません。果樹は、消毒などに手間がかかるため植えないのだそうです。

### 14)「殉教者の鏡」とアーミッシュ学校襲撃事件

アーミッシュの大抵の家庭には、「殉教者の鏡」という聖書に準ずる本が保有されています。

アーミッシュを紹介する本には、『アーミッシュは、この本を手許に置いて毎日読む、子どもたちや孫たちに事あるごとに読み聞かす』と書いてありますが、誰に聞いても毎日読む人などいませんでした。

「１年に１回ぐらい読むかなぁ」とのこと。

　リジーが本棚から取り出して見せてくれた「殉教者の鏡」は、図書館にある百科事典より大きくて、その重いこと。開くと細かい字がびっしりです。

　アーミッシュと言えど、この本を事あるごとに読みたくなるとは思えません。

　そう思ったら、「殉教者の鏡」の手引書がありました。

　表紙のサイズは同じですが、薄くて軽く絵がたくさんあって、これなら読む気になれるかもしれません。

　「殉教者の鏡」の中に、迫害に遭ったキリスト教徒が、追手から逃げる途中氷結した湖水を渡り、渡り終えたところで振り返ると、追手が水中で溺れかけているので、引き返して追手を助け、その助けた追手に捕らえられて処刑される、という話が載っています。「殉教者の鏡」は、全編そのような話だそうです。

　2006年10月、ランカスターのニッケルマインという村で、アーミッシュ学校に、1人のアメリカ人の男が押し入り、少女たちを銃で殺傷する事件が起きました。

　学校にいたのは、6歳から13歳の少年少女たち26人と先生、授業参観に来ていた先生の家族です。先生と先生の家族は、近所の家に助けを求めるために学校をとび出し、少年16人は教室から退出させられました。

　男は、10人の少女を縛って銃撃し、3人が即死、その後2人が亡くなり、5人の少女が重軽傷を負いました。少女の1人は、今なお闘病中です。

その後、生き残った少女たちの話から、最年長の13歳の少女が、他の子をかばうために
「私を撃って！」と言ったことが分かりました。
　その子が撃たれると、次に年長だった11歳の妹が「次は私を撃って！」と言ったそうです。
　犯人は、学校の近くに住む牛乳の集荷をしている32歳の男で、警官が到着したときに自殺しました。
　校区のアーミッシュたちは、その6時間後に男の家を訪れ、妻と子供3人、犯人の両親に、男を赦すことを伝えたそうです。男の葬式には、多数のアーミッシュが参列しました。
　アメリカでは有名な話で、映画にもなりました。

　犯人の実母は、この後、
「すぐに赦しを与えたアーミッシュの素晴らしさをアメリカ人に伝えるため」に、あちこちで講演活動を続けて、数年前に亡くなりました。
　実母の講演活動にかかわった女性に、彼女の講演中の写真を見せてもらいました。
　実母は、きれいにお化粧をし、真っ赤なブレザーを着て、おおきなイヤリングをつけていました。
　実母の夫（犯人の父親）は、妻が死ぬと間もなく再婚しました。
　映画では描かれませんでしたが、犯人の妻は、男が死んで半年後に再婚したそうです。
　アーミッシュは、ベネフィットセールでお金を集め、犯人の家族に大金を渡しました。
　その後も、再婚した犯人の妻子に金銭的な援助をしています。
　日本人には考えられない事の顛末です。

　十数年が経った今、この事件の話は滅多に出ませんが、先日利用したウーバーの年配の運転手とアーミッシュの話をした折、私がこの事件のことに触れたら、彼の妻が犯人の母親と従妹だそうで、赦しはアーミッシュ

なら当然の事、自分はアーミッシュではないが、クリスチャンなので同じように赦すだろうと言っていました。

　報道では、犯人の男は、妻に遺書を残していて、9年前に生まれた夫婦の最初の女の子を死に至らしめた神に復讐する、と書いてあったそうです。

　男は死んだその子の隣に埋葬されました。

　犯人の男には、女児の死後、3人の子供が生まれています。

　9年も経ってから、なぜ突然凶行に及んだのでしょう。

　ランカスターの新聞は、この事件をどのように報道したのか？

　2020年1月11日発刊の「Lancaster Journal」で、2006年の事件翌日の新聞記事を読む機会がありました。

　犯人の男には、12歳の時に、親戚の若い女性2人を乱暴した過去があるそうです。

「男は女の子をレイプするために押し入ったのだ…」と、あるアーミッシュは言っていました。

　…真相は分かりません。


### 15）天気予報は何で知る？

　農作業をするアーミッシュにとって天気予報は大事な情報です。

　テレビもラジオも、日刊紙もないアーミッシュは、どうやって天気予報を知るのでしょう？

　S家とアンナ宅は、毎日、気象情報センターに電話をかけて天気予報を聴くそうです。

　キング宅で同じことを尋ねたら、リジーが冷蔵庫の横に行き、私を手招きしました。

　冷蔵庫の側面に、天気予報が表示された葉書大の気象計が貼り付けてありました。

　子供たちが、父の日にプレゼントしたものだそうです。

　キング家でも、以前は毎日電話をかけて天気予報を聴いていました。

「電話の必要がなくなった」とお父さんが嬉しそうに言いました。

電池式のその器機は、裏にマグネットが付いていて、好きなところに運べます。

刻々変わる天気は、24時間、絵図で表示されるので一目瞭然です。


お父さんが、

「イッシュ家のヘンリーに、『父の日にプレゼントしてもらえ』と言え」というので、次にイッシュ家に行ったときにルースにその話をしたら、ルースが、私をユーテリティーの出窓の前に連れて行きました。

そこには、キング家の2倍の大きさの温度計が置いてありました。


イッシュ家の温度計には、現在の気温と、以後24時間の気温の予想が表示されます。

気温は分かりますが、天気はわかりません。

キング家の気象計は、天気も気温も分かります。

天気予報は、時々外れます。

キング宅では、天気予報が外れると「わーい、神様が間違った〜！」と喜ぶ？のだそうです。

神様も、間違うことがあるのだから、自分たちがいろいろ間違うのは当たり前、だとか。


## 16) 風車も鐘も不要

観光用のアーミッシュ農家の写真には、必ず家の傍に風車が立っています。

日本でもヒットした映画「目撃者」では、少年が、近隣のアーミッシュに異変を知らせるために、紐を引っ張って鐘を鳴らす場面があります。

アーミッシュ学校では、屋根の上や、入り口の軒先に鐘が吊るしてあります。

その鐘を、先生は教室の中やベランダから紐を引いて鳴らし、外で遊んでいる生徒たちに、始業の合図をします。

風車も鐘も、以前はアーミッシュの風景に当たり前にあるものでした。

　風車は、地下から水を汲み上げるために使用されるものです。

　現在、どの家でも水はモーターで汲み上げるので、風車は必要なくなりました。

　鐘は、アーミッシュの家に電話がなかった時代、非常ベルのように鳴らして急を知らせるものでした。今はどの家にも電話があり、連絡は電話で済むので鐘は不要になりました。

　風車も鐘も、ランカスターからどんどん消えています。

　私が訪問するどの家にも、風車も鐘もありません。

　たまに、鐘を取り外さない古い農家が、鐘を鳴らして、畑で働いている家族に食事時間を知らせることがあるそうです。


　サイロも、アーミッシュの風景には大事なアイテムです。が、実はサイロも不用になりつつあります。サイロは、飼料にするトウモロコシの貯蔵庫です。

　飼料用のトウモロコシは、栽培と収穫に人手がかかる上に、裁断と、サイロに貯蔵する作業には大きな危険が伴います。

　そのため、飼料用のトウモロコシ栽培を止めて、転作するアーミッシュ農家がどんどん増えているのです。

　キング宅には、大きなサイロと、巨大な貯水タンクが小屋の横に聳えています。

　今は、どちらも無用の長物です。

　サイロは取り壊すのが大変なので、自然に朽ちるまで、そのまま置いておくそうです。


## 17）アーミッシュが払う税金と保険、相互扶助

　アメリカ人が誤解していることの一つに、アーミッシュが払う税金があります。

　アーミッシュは、払うべき税金は必要以上に払っているのに、それを知らないアメリカ人が多いのです。

アメリカ人は、消費税、所得税、連邦税、州税、地方税、不動産を所有している場合は、居住する市町村にスクール税を払います。

　アーミッシュも、この全部の税金を払っています。


　アメリカには、これらの税金の他に、給与所得者は社会保障費を払う義務があります。

　日本の、国民保険料のようなもので、将来、年金を受け取るための積立金です。

　アーミッシュは、生涯、政府の援助や保護を受けることはないので、年金のための積み立ては不要です。

　そのため、社会保障費の支払いは免除されています。

　アメリカの会社に雇用されているアーミッシュは、社会保障費を、場合によっては健康保険料をも給料から天引きされますが、それに対して異議を唱えることはしません。


　スクール税は、主に、各市町村の学校運営費に充てられます。

　スクール税は他の税金に比べ高額で、子供がいなくても不動産を所有する限り払います。

　大抵のアーミッシュは、所有する敷地が広いので、多額のスクール税を払っています。

　キング家では、毎年5千ドル前後のスクール税を払っているとのことでした。

　アーミッシュが多く住む町の公立学校は、スクール税収のお陰で学校の設備が整い、教師の給料が高い傾向にあります。

　しかしながら、アーミッシュがスクール税の恩恵を受けることはありません。


　ランカスターでは、50年前まではアーミッシュも、地域の公立小、中学校に通っていました。

　バーバラが入学した小学校には、アメリカ人とメノナイトと、アーミッ

シュが混在していたそうです。

　学校には、テレビがあり、毎朝、胸に手を当てて国家を歌い、クラス写真も写されるので困惑したそうです。


　公立の小学校では、学年が上がるにつれ、アーミッシュにとって好ましくない授業内容が増えてきます。

　アーミッシュの親たちは、そのことを心配し、独自に、アーミッシュ学校を建設することに決めました。

　この時、政府側との話し合いで、学校に通わなくてもスクール税は今まで通りに払うことに同意したのです

　現在、アーミッシュは、子供の有無に関係なく、公立学校のためのスクール税と、アーミッシュ学校のための学校運営費を、両方払っています。

　今回、ランカスターに住むアメリカ人に、アーミッシュに対するアンケート調査をしたところ、

「アーミッシュが税金を払わないのが不満」と記入した若い人が何人もいて、アーミッシュが誤解されていることを知りました。

　それ以来、私は、アーミッシュの話題が出ると、「アーミッシュは、必要以上に税金を払っている」と説明し、誤解を解くよう努めています。


　アーミッシュ共同体では、メンバーが火事や災害で納屋を消失した場合、数百人ものアーミッシュ男性が集結して、たった一日で巨大な小屋を再建する「バーンライジング」という伝統があります。

　アーミッシュの葬式や結婚式では、親戚や近所のアーミッシュが手分けして雑多な仕事を手伝います。アーミッシュ社会には、これら労力提供による助け合いの他に、金銭的な相互扶助として、不時の出費を負担し合う独自の保険制度があります。

　アーミッシュの保険制度、Amish Aid は、教会区によって保険料が異なりますが、運用の仕方はほぼ同じです。

　洗礼を受けると、保険料の支払いが始まります。

　支払いは、一家族いくらではなく、洗礼を受けた者が毎月各自で払いま

す。

S 家では、夫と妻がそれぞれ毎月 250 ドル払っているそうです。

月々の保険料の他に、年に 2 回、聖餐式の際に、所有する財産の額に応じて、家族ごと、まとまった額を Amish Aid に献金の形で拠出します。

アーミッシュが、病気や怪我で医者にかかった場合は、費用の 10％を自分で負担し、残りは教会区の Amish Aid から支払われます。

医療費が高額で 10％が払えない場合は、払える金額だけ負担します。

医療費の支払い額が判明すると、教会区の男性数人が病院を訪れキャッシュで払います。

アーミッシュの医療費に関しては、病院側も費用を安く設定するのが普通です。

教会区だけで払えない場合は、近隣の教会に援助を求めます。

それでも払いきれない場合は、慈善オークションやベネフィットセールを開催したり、アメリカの全アーミッシュ共同体に寄付を募ったりしてお金を集めます。


アーミッシュ女性が出産する場合は、自宅にミッドワイフと呼ばれる産婆にきてもらうか、バースセンターに行くか、または病院で出産します。

ミッドワイフには、アーミッシュ女性もいますが、殆どはメノナイトかアメリカ人の女性です。

費用は、自宅で出産するのが一番安く、病院の 3 分の 1 ぐらいです。

アーミッシュ女性は、最初の子供はバースセンターで出産し、2 人目からは自宅で出産する人が多いそうです。

S 夫人とアンナは、子供全員を自宅で出産し、バーバラは、バースセンターと自宅で出産しました。

ルースは、親戚の妊婦が自宅で出産した際、不測の事態に陥ったのを目撃し、怖くなって全員の子供をバースセンターで出産したそうです。

出産にかかる費用は全額自己負担で、Amish Aid からの補助はありません。

## 18）タッパーの訪問販売

　アーミッシュの台所には、どの家にも大量のタッパーウエアーがあります。

　タッパーウエアーはお店では買えないので、アーミッシュがどこで買うのか不思議に思っていました。

　アーミッシュも、訪問販売で買うのだそうです。

　売りに来るのは、大抵アメリカ人の女性とのこと。

「友人や隣人から、招待という名目で出席要請の電話が掛かってくると、アーミッシュ女性たちは、訪問販売と分かっていても、みんなでおしゃべりができる社交の場なので、嬉々として出かけます」と思いきや、バーバラに確かめたら、

「買いたいものがある時には招待されたら嬉しいけど、お金を遣いたくない時には、内心迷惑だと感じることもあるわ」とのこと。

　気が乗らない時には、用事を作って断るそうです。

　アーミッシュ女性は、普段無駄遣いはしませんが、パーティに参加すれば、「タッパーウエアーは台所で使うものだし、チョッパーのような便利なものもあるし、みんなも買うし」で、雰囲気に負けて買ってしまうのでしょう。

　商売上手なアメリカ人女性が、アーミッシュ女性たちに、タッパーを見せて実演販売している光景が目に浮かびます。

　アーミッシュ女性が、パーティに招待されて気晴らしに出かけるたびに、台所にタッパーウエアーがどんどん溜まっていくようです

　キング宅には、寄付を依頼する手紙が、毎日届きます。

　アーミッシュなら、どんな場合でも寄付をしてくれると思うのでしょうか？

　日本がバブルに沸いていた頃、私の町のあちこちに、寄付を求める訪問者が次々にやってきました。

「野の花会」や「ベトナム難民を助ける会」と書いたカードを、首から下げた若者たちでした。

　訪問者の中には、いかがわしい宗教の本を売りに来る外国人や、海産物を背負った若い女性もいました。

　昼間、1人で家に居ると、断るのが下手な私の財布はどんどん軽くなりました。

　アーミッシュに無心する寄付依頼の手紙を目にして、数10年も昔のことを思い出しました。


### 19）アーミッシュ少年の濁った瞳と澄んだ瞳

　ランカスターの、ルーツファーマーズマーケットに初めて行った時の話です。

　まだインターナショナルハウスに寄宿していた頃で、行事の一環として、ディレクターの車に分乗してみんなでマーケットを訪ねました。

　広い市場の中を歩き回って疲れた頃、「アーミッシュ手作りアイスクリーム」の案内板を見つけました。

　アーミッシュの言葉につられて奥へ行ってみました。

　アイスクリームの絵が描かれた看板の下に、その店はあり、13歳ぐらいのアーミッシュの少年が一人で店番をしていました。

　少年の顔を一瞥した時、違和感を覚えました。

　少年の目が、今まで見たことのないアーミッシュの目をしていたからです。

　アイスクリームは2ドル50セントだったので、私は3ドル渡しました。

　少年は、三角錐のコーンのカップにアイスクリームをよそいました。

　左手にカップを持って、右手にお釣りの25セントのクオーターを2枚掴みました。

　そして、私にアイスクリームを手渡しながら、右手のコインをポトンポトンと自分の前に落としました。

　私が「おつりは？」と言うと、

「あれっ、渡していなかったっけ？」

「ええ、もらっていないわ」

　少年は、自分の前に落とした 2 枚のコインを「ちぇっ、ばれたか」といった風情で私に渡しました。きっと、そのようにしてしょっちゅうお釣りをごまかしているのでしょう。

　アメリカ人の少年がやったことなら、ほんの 50 セント、まあいいかで済ませますが、アーミッシュの少年が、たった 1 セントでも故意にごまかすことはあり得ないはずです。

　目は心の鏡、アーミッシュに意固地そうな目はあっても、狡賢い目はありません。

　私の違和感は、少年の濁った瞳だったのです。


　そうして、数年前に、トウモロコシ畑の脇にポツンとある、アーミッシュの靴屋を訪ねた時のことを思い出しました。

　キャロルが、アーミッシュしか訪れない、その靴屋の駐車場に車を止めた時、アーミッシュの少年が、1 人で荷馬車を駆って駐車場に入って来ました。

　私と姉が車から降りてその少年を見ると、少年はびっくりした顔で、ポカーンと私たちを見つめました。

　きっと、アメリカ人以外の人種を見たことがなかったのでしょう。

　アメリカ人とは全く違う顔をした私と姉を見て、少年は不思議で、目が離せなかったのだと思います。少年の大きく見開いた瞳は、澄み切っていて馬の眼によく似ていました。

　穢れを全く知らない、私が大好きなアーミッシュの眼でした。

　今でも、時々少年の驚いた顔と澄んだ瞳を思い出します。


　狡賢い目をしたアーミッシュには、後にも先にも、ルーツマーケットの少年以外、遭遇したことはありません。

　あの少年は、どんな大人になるのでしょう？

　心優しいアーミッシュの人たちは、彼がどんな阿漕で悪辣な大人になっても受け入れて、彼のために祈るに違いありません。

## 20）ビーチーアーミッシュのサンクスギビングディナーに招かれて

Mayma 夫人の一家は、ビーチーアーミッシュです。

以前は、オールドオーダーアーミッシュだったのですが、規則の緩いビーチーアーミッシュに転向しました。

Mayma 夫人は、毎年、インターナショナルハウスの学生たちを、サンクスギビングディナーに招待してくれます。

今年は、学生ではない私も一緒に招いてもらいました。

Mayma 宅の敷地には、畑や牧場がありますが、農家ではなく建設業を営むお金持ちの家なので、自宅は豪華で大きくて、プチホテルのようでした。

サンクスギビングデーのディナーは、アーミッシュの結婚式で出されるランチメニューとほぼ同じだそうです。

献立をここに書き出してみます。

＊七面鳥の詰め物

＊マッシュポテト

＊セロリのクリーム煮

＊キャベツと人参のコールスロー

＊キャベツとピーマンの辛し和え

＊フルーツカップ…バナナ、苺、ブドウ、桃、リンゴ

＊アップルパイ

＊パンプキンパイ

＊アイスクリーム

＊コーヒー

＊水

この日は30名ほどの出席者で、広い吹き抜けのリビングルームに、テーブルを何台も並べて、1人分ずつセッティングがしてありました。

アメリカ人は、このくらいの人数になると大抵ビュッフェ形式で、あちこち散らばって、好きなところに座って食べますが、アーミッシュは着席して料理を回し、好きなだけ取り分ける形式です。

Mayma 宅には、子供が 10 人います。

料理を運んできたのは、12 〜 15 歳ぐらいの、この家の年長の子供たちです。

女の子は、青い無地のアーミッシュドレスを着て、白い小さな三角巾を被り、男の子たちは、全員、チェックのシャツを着ていました。

Mayma 夫人は、陽気で話好き、アーミッシュツアーのガイドをしているそうです。

非常に人気があるそうで、「いつもチップをがっぽりもらって帰る」と、ご主人が冗談のように言われましたが、多分本当のことでしょう。

料理はどれも美味しく、学生たちも私も、ランカスターに来て初めて食べる豪華な食事に大満足しました。

食事の後は、質問の時間。アーミッシュの結婚式について訊いてみました。

結婚式は、主に 11 月の火曜か木曜日に、花嫁の家で行われること。

大体 300 〜 400 人が出席すること。

結婚後は花嫁の家に 3 か月位同居して、それから自分たちの家に移ること、などを話してくれました。

キング家の既婚者は息子ばかりなので、自宅で結婚式をしたことはありません。

イッシュ家は、今までに 3 回、馬小屋の 2 階にある家具製作の仕事場で娘たちの結婚式をしました。

来年は、多分ファニーが結婚するので、また馬小屋の 2 階で結婚式をすることになりそうです。

結婚式には、私も招いてくれるそうです。

## 21）アーミッシュのごみの処理

アーミッシュは、台所から出る生ごみは全て再利用します。

どの家も、シンク下の扉にごみバケツを置く台が付いていて、生ごみは

すべてそのバケツに入れます。バケツがいっぱいになったら、鶏小屋に運んでばらまきます。

　紙ごみや、プラスチックのごみは、市のごみ収集車が週に1度やってきて持って行ってくれます。毎月、市にごみ処理代を払っています。

　家畜の糞尿は、畑に撒いて肥料にします。


　日本でも、昔、田舎ではごみ収集車など存在しなかったので、生ごみは畑に埋め、紙ごみはごみ溜めで燃やしていました。

　ごみを燃して出た灰は、畑に撒いて肥料にしました。

　現代の日本では、たとえ庭があっても、面倒くさいので、生ごみはビニール袋に入れてごみ集荷場に運びがちです。

　アーミッシュを見習って、野菜くずや食べ残しの生ごみは庭に埋めて土に返したらどうでしょう。地球温暖化の抑制にもつながります。

　私は現在、ランカスターの街中で、ベランダもないアパートに住んでいますが、実は、生ごみは土に埋めています。

　洗濯室の隅に、土を入れたプランターを置いて、野菜くずを埋めているのです。

　小葱の根っこを埋めたら、芽が出てきてどんどん伸び、葱は買わないで済むようになりました。

　キャベツやレタスも、芯を埋めると芽が出て、小さなサンドイッチに使えるぐらいの葉っぱが育ちます。

　土がなければ、芯を水に活けるだけでも芽吹きますので、是非お試し下さい。


## 22）アーミッシュの子供の絵本

　キング宅の台所で食器を洗っていたら、リジーの義姉が幼児を2人連れてきて、リジーにベビーシッターを頼みました。

　リジーは、奥から絵本を取り出して来て、3歳くらいの男の子に読んであげました。

　私には全く聞き取れない言語だったので、ペンシルバニアダッチで書か

れた絵本を読んでいるのだと思っていました。

　側に行って、絵本を覗いてみると、私でも解る英語で書いてあります。

　リジーは、英語の本を、ペンシルバニアダッチに翻訳して男の子に読んであげていたのです。


　ルースの娘リアの家に行ったとき、やはり 3 歳になるリアの息子が、絵本を持ってきて私に

「読んで」と言いました。絵本の文字は英語でした。

　私が読みだすと、彼も一緒に読み始めました。

　でも、彼の発音は全く違います。ペンシルバニアダッチでした。

　彼はその絵本の内容をしっかり覚えているので、読まなくても暗誦出来るのです。

　リジーによると、ペンシルバニアダッチで書かれた絵本はないのだそうです。

　ルースに聞いてみると、確かに、絵本は英語かドイツ語で書いてある、と言います。

　大人が、それをペンシルバニアダッチに直しながら幼児に読んであげるようです。

　3 歳の子供に、英語の文字を見せて、ペンシルバニアダッチで意味を教えるのは、非常に合理的なやり方です。


　アーミッシュが文章を書くときは殆ど英語です。

　チャーチサービスで使うアウスブントは、ドイツ語で書いてあります。

　ルースも、バーバラもリジーも、ドイツ語の読み書きはできるけれど、ドイツ語で文章を書いたことはないと言っていました。

　ペンシルバニアダッチには、多くの英語が混じっています。

　その昔、アメリカ人が、ランカスターに移民してきたアーミッシュに、名前を教えたり話をしたときに、アーミッシュの概念にないものには、そのまま英語を使いました。

　その結果、ペンシルバニアダッチに多くの英語が混じったのだそうです。

後日、本当にペンシルバニアダッチの絵本はないのか、真偽のほどを確かめるために、アーミッシュが自宅横で開業している本屋に行ってみました。

　本屋のアーミッシュのご主人が、首をかしげながら一緒に探してくれましたが、やはりペンシルバニアダッチ語の絵本はありませんでした。

　実は、ペンシルバニアダッチは、話し言葉で、正式な書き文字はないらしいのです。

　強いて書くなら、発音をドイツ語と英語をミックスさせてアルファベットで表記する感じです。

　ご主人も、娘の店員さんも、そのことに今まで全く気が付かなかったそうです。


　学齢期前の幼児は、ペンシルバニアダッチは聴いて話せれば十分です。

　もともとペンシルバニアダッチの絵本など買うつもりのないアーミッシュは、何の疑問もなく、英語かドイツ語の絵本を買っているのでした。

## 23) アーミッシュ男性のあご髭

　アーミッシュの男性は、結婚したらあご髭を伸ばします。

　あご髭のない男性は、独身であることが一目瞭然です。

　しかしながら、あご髭があるから既婚者、とは言い切れません。


　アーミッシュのチャーチサービスの時、男女は向かい合わせに座ります。

　この時、ビショップや長老たちの席は別にして、男女共、独身の若者は最前列に着席するのが決まりです。

　独身男性は、中年になって来ると、年若い青年たちと並んで最前列の席に座るのが恥ずかしくなります。

　そう感じた時があご髭を生やす契機です。

　あご髭があれば、青年たちと最前列に座らなくても、後方の好きな席に座れます。

若い女性たちを前にして、居心地の悪い思いをしなくて済みます。

あご髭を伸ばして既婚者と紛らわしくなると、ますます婚期が遠のくようですが、若い時に結婚しなかった男性は、一生独身で過ごすので同じことです。

アーミッシュの同年代の独身女性も存在するので、相手が全くいないわけではないはずですが、ユースの会を卒業した後は、女性と親しくなるチャンスは殆どありません。

チャーチサービスでは、男女が歓談する機会は全くなく、結婚相談所もお見合いの慣習もないアーミッシュ社会では、結婚できないのは自助努力が足りないか、または、本人が結婚することを望んでいないとみなされます。

アーミッシュの若者にとって、いかにユースの会が貴重な存在か、再認識させられます。

妻を亡くした男性は、再婚することがあるそうです。

## 24) 母から娘に伝えること

アーミッシュの母親たちに、自分の娘たちに何を伝えていきたいか聞きました。

全員に共通していたのは、家事全般、料理の仕方とレシピ、特に保存食の作り方。ドレス、シャツ、ズボンの作り方。聖書を読むこと。夫をリスペクトすること。

母親たちが危惧しているのは、アーミッシュ社会において、これら当たり前のことを伝えるのが、近年、難しくなったことです。

農業だけでは生計が立たなくなった家庭や、元々、農業以外を生業にしているアーミッシュ家庭で、母親が外で働くことが増えてきました。

そのため、母親が忙しくて、娘にアーミッシュのノウハウを教える時間がないのです。

若者たちは、スマホで外の世界を知るようになり、家庭の中においては、家族が一体となる時間を持つのが困難になりつつあります。

　以前、キング家にお邪魔していた時、夕方近くに、末っ子の息子シルヴァンから、「友人を夕食に連れてくる」と連絡がありました。
　その友人は、シルヴァンの職場の先輩で、家族とうまくいかず悩んでいるのだそうです。
「アーミッシュの家庭でもそんなことがあるの？」私が驚いたら、
「母親が外に働きに行くようになって、そんな家族が増えてきた」とのこと。

　日本でも、昔は、娘が母親に教わることは多々ありました。
　ご飯の炊き方、掃除の仕方、雑巾の縫い方、マフラーの編み方、障子や襖の開け方、挨拶の仕方、お茶の出し方、四季折々の行事、洗濯物の畳み方、衣類の手入れ、花の活け方、などなど
　数え上げたらきりがありません。
　母親は家に居て、家事をしながらこれらのことを娘に教えたものでした。
　現在、日本では専業主婦は少なく、家計を助けるため、あるいはキャリアを積むために、多くの母親が外に出て働いています。
　ご飯は、電気がまのスイッチを入れれば美味しく炊けるし、マフラーはユニクロで安く買えるし、家に畳がない家も多く、掃除はロボットがしてくれます。夕食は、デパ地下やスーパーで総菜が簡単に買えます。日本ではもう母親が娘に教えることはないのかもしれません。

　リジーは、母親を見て1の仕事をするときは10まですることを学んだと言います。
　アーミッシュの子供たちは、2歳の子供でも鶏の餌やりに行ったら、ちゃんと卵を集めて戻ってきます。台所に、自分より小さな妹や弟が放っておかれたら、3歳の子供でも言われなくても面倒をみます。アーミッシュの社会では、母親たちが娘たちに伝えることがまだまだ、たくさんあ

りそうです。

### 25）純粋培養のアーミッシュ男性

2020 年 2 月、バレンタインデーの日にキング宅を訪問しました。

バーバラは、息子の家に出産の手伝いに出かけたそうで留守、お父さんも仕事で夕方まで帰宅しないとのこと。家には、リジーと、弟の六男ギデオン Jr がいました。ギデオンは 23 歳です。

私が、バーバラが手伝いに行った出産について、もう生まれたのかどうか、男女の性別などリジーに訊くと、リジーは言い淀み、「ボーイ（弟のこと）がいるので…」と、口に指を当てて、私に「しーっ」のジェスチャーをしました。

キング家は、非常に仲がいい家族なので、母親が義娘の出産手伝いに行くのに何か問題でも？？ 腑に落ちないながら、その話はそこで終わりました。

仕事が一段落して、私が持参していたペンシルバニアダッチのテキスト『Speaking Amish』をリジーに見せました。

以前、アーミッシュの本屋を訪れた時に購入した本です。

自己紹介から始まって、学校、仕事、食べ物、好きな事、などの項目があり、名前や文章が表音文字で記してあります。副題は、「初心者のためのペンシルバニアダッチ」です。

名詞は全て写真で表してあり、「訪問」の説明に、ペダルのない自転車に、若いアーミッシュの男女が二人乗りして、訪問先に向かっている写真がありました。

リジーが、その写真を見て、

「キャー！」と恐ろしそうな声を上げました。

「ノーノー、こんな写真とんでもない！」

「弟には見せられない。刺激が強すぎる」と言います。

『Speaking Amish』は、歴としたペンシルベニアダッチの正規の教本です。

確かに、サングラスをかけたアーミッシュ女性の背に男性が被って、2人でハンドルを握っている写真は、アーミッシュらしくないと言えばその通りですが、23歳のギデオンがこの写真に毒されるとは思えません。

　私の方がびっくりしてしまいました。

　リジーによると、「アーミッシュの各家庭で考え方は違うけど、キング家では、結婚するまでは、男女で一切触れたらだめ、という不文律があり、出産の話も未婚の弟の前ではしない」のだそうです。

　出産という言葉で、赤ちゃんが生まれる場面を想像するとでも思うのでしょうか？？


　23歳のギデオンにも末弟の22歳のシルヴァンにも、まだガールフレンドはいません。

　女の子とデートをしたことはおろか、声をかけたこともないのだそうです。

　2人とも、ハンサムで働き者、家族思いでやさしい青年です。

　2人がいまだに奥手なのは、リジーとバーバラが、彼らを溺愛して、純粋培養しているからではないかと思います。

　ギデオンが所属しているユースの会には、55名のメンバーがいるそうですが、その中に、カップルは、ほぼいないのだそうです。

　多分、ギデオンのユースグループには純粋培養の男子が多いのでしょう。

　アーミッシュは、男子から声をかけないと、女子から誘うことはあり得ませんので。

### 26）アーミッシュのホームヘルパー制度

　身寄りのないアーミッシュの老後は誰が面倒をみるのでしょうか？

　メノナイト社会には、ナーシングホームがありますが、アーミッシュ共同体には、いわゆる老人ホームの類の施設は全く存在しません。

　以前キング夫人に尋ねたら、「アーミッシュの老後は、先ず家族、独り身の場合は甥や姪、親戚がいない場合は教会区で面倒をみる」と言っていました。

　実は、2年ほど前にランカスターのアーミッシュ社会にホームヘルパー制度が出来ました。

　あるアーミッシュ男性の篤志家が、組織を立ち上げたそうです。

　運営は、アーミッシュ共同体の、教会区の寄付で賄います。

　まだ出来たばかりなので、この制度の詳細を知る人は少ないのですが、バーバラの情報によると、ヘルパーは、若いアーミッシュとメノナイトの女性で、時給は結構いいのだそうです。

　利用者がいくら払うのかは不明ですが、バーバラは無料の場合もあり得ると言っていました。

　奉仕の仕事、且つ高給に魅かれて、ヘルパーになることを検討しているアーミッシュの女性たちが、リジーの友人の中にもいるそうです。


　軌道に乗れば、年寄りや障碍者の世話に運用されるだけではなく、家族数が減ることで支障をきたしている家庭内の様々な仕事に、大きな役割を果たすことになるかもしれません。

　アーミッシュは、日常の家事や、農場の仕事に助けが必要になった時、近隣のアーミッシュ少年少女に手助けを頼むことがよくあります。

　少年少女の親たちは、本人にとって家事や農作業の恰好のトレーニングになるので、依頼があった場合は快く引き受けます。この場合、少年少女への報酬は、大体1日10ドルだそうです。


## 27）オハイオ州のアーミッシュ

　2019年6月、オハイオ州のアーミッシュを観察するために、アムトラック（列車）とバスを乗り継いで、オハイオ州のホルムズ郡へ行ってきました。

　ホルムズ郡は、北米で最大のアーミッシュ居住地です。

　ランカスター郡のアーミッシュ教会区は現在220ですが、ホルムズ郡には274の教会区があります。


　ホルムズ郡では、ベルリンのホテルに3泊して、レンタカーでアーミッ

シュのコミュニティーを見て回りました。

　ランカスターのアーミッシュと異なっていた点、最初に目についたのは、女性が頭に被るキャップの形です。

　ランカスターでは、アーミッシュはハート型のオーガンジーの白いキャップを被り、メノナイトは丸型のお皿のような白いキャップを頭に乗せます。

　オハイオ州のアーミッシュは、コップ型の、嵩が大きくて透けない布地の白いキャップを被っていました。

　ランカスターでは、キャップの形でアーミッシュかメノナイトか見分けが付きますが、オハイオ州では、見かけた全員の女性がコップ型のキャップだったので、ドレスが無地だと、アーミッシュなのかメノナイトなのか分かりませんでした。

　男性は、ランカスターではズボンとベストは全て黒色ですが、オハイオ州の男性は、必ずしも黒ではなく、チャーチサービスの群衆に紺色のズボンとベストの男性が混じっていました。


　馬車は、ランカスターでは、アーミッシュは灰色、メノナイトは黒色でどちらも四角い箱型です。

　ホルムズ郡の馬車も、黒色で箱型ですが、ランカスターの馬車に比べると、四角が丸く柔らかい気がしました。

　オハイオ州では、白い車体の馬車も見かけました。

　ペンシルバニア州のミフリン郡には、黄色い馬車に乗るアーミッシュ村があります。

　インディアナ州では、馬車にナンバープレートが付いているそうです。


　ランカスターの自転車には、ペダルがなく、足で蹴って進みますが、オハイオ州の自転車はペダルが付いた普通の自転車でした。

　ペダルをこいで坂道を上るアーミッシュ女性を何人も見かけました。

　後日知ったのですが、オハイオ州では原付自転車に乗るアーミッシュが多いそうです。

　ホルムズ郡では、道路の四つ角に立つ「STOP」サインに、ソーラーパワーが装着されています。

　看板を縁取る電球が、昼間でもピカピカ、派手に光っていました。

　これなら、自動車と馬車の衝突は避けられるでしょう。

　ランカスターで、ソーラーパネルを装着した STOP サインは見たことがありません。

　STOP サインの設置は市の仕事なので、陳情などしないアーミッシュは、政府が設置してくれるのを待つだけです。

　ホルムズ郡の道路は、アップダウンが激しく、馬は非常にスローで、1歩1歩、踏みしめるように登っていました。たまに馬車が馬車を追い越していくのを見ました。


　ランカスターのように観光地化されていないホルムズ郡のアーミッシュは、非常に人懐っこく、すれ違うときには、必ず手を上げて挨拶をしてくれました。

　手を振ると、大人も子供もみんな笑顔で応えてくれました。


## 28）2019 年　ランカスターにおける人口調査

　2019 年現在、ランカスターには 36,920 人のアーミッシュが住んでいます。

　アーミッシュ新聞「The Diary」2020 年 1 月号のある記事によると、2019 年に、ランカスター郡内で誕生した赤ちゃんは、約 1,300 人で、半分以上が男子でした。

　死亡したのは 130 人、結婚は、200 の教会区で 200 組の結婚式が挙行されました。

　受洗者の数は、統計が取られていないので不明です。

# 第5章

## アンケートの分析

### 1) ENGLISH　アメリカ人

ランカスターに住むアメリカ人にアンケート用紙を配り、アーミッシュについての意識調査をしました。集計、分析結果は以下の通りです。

アンケート回答者

| ＜年代＞ | ＜人数＞ | ＜内訳＞ | |
|---|---|---|---|
| 10 代 | ... 51 名 | 男性 16 名 | 女性 35 名 |
| 20 代 | ... 23 名 | 男性 4 名 | 女性 19 名 |
| 30 代 | ... 16 名 | 男性 6 名 | 女性 10 名 |
| 40 代 | ... 12 名 | 男性 2 名 | 女性 10 名 |
| 50 代 | ... 20 名 | 男性 6 名 | 女性 14 名 |
| 60 代 | ... 21 名 | 男性 10 名 | 女性 11 名 |
| 70 代 | ... 12 名 | 男性 6 名 | 女性 6 名 |
| 80 代 | ... 30 名 | 男性 10 名 | 女性 20 名 |
| 90 代 | ... 8 名 | 男性 4 名 | 女性 4 名 |
| 合計 | 193 名 | 男性 64 名 | 女性 129 名 |

＜質問＞

Q.1 外国や他州に住んだことがあるか？

　　YES　55%　　　NO　45%

Q.2 アーミッシュに興味があるか？

　　YES　83%　　　NO　17%

　　＊ 10 代〜 30 代で興味がある人は 75%、残り 25% は興味がない

　　＊ 40 代以上では、男女共 90% 以上が興味ある

Q.3 アーミッシュの慣習や行事を知っているか？

　　YES　27%　　NO　9%　SOME（多少）　64%

　　＊全回答者の90%以上が何らかの慣習、行事を知っている


Q.4 アーミッシュの生活様式を魅力的だと思うか？

　　YES　26%　　NO　74%

　　＊30代男性は、全員ノー、誰も魅力を感じない

　　＊40代〜90代は、魅力を感じる人が、男女共30%以上いる


Q.5 アーミッシュの農場、家屋に住んでみたいか？

　　YES　13%　　NO　87%

　　＊10代女性の31%、40代女性の30%がアーミッシュ農家に住ん
　　　でみたい

　　＊30代、40代、60代、70代、90代の男性は全員ノー、誰も住み
　　　たくない


Q.6 アーミッシュのような多世代、大家族で住みたいか？

　　YES　39%　　NO　61%

　　＊40代〜60代女性の57%が多世代、大家族で住んでみたい

　　＊40代〜90代男性の75%が多世代、大家族で住みたくない


Q.7 可能だったらアーミッシュと結婚したいか？

　　YES　7%　　NO　93%

　　＊10代女性の15%はアーミッシュと結婚したい


Q.8 アーミッシュは8年生までの教育で十分と思うか？

　　YES　31%　　NO　68%

　　＊10代〜30代男性は、62%が8年までの教育に賛成

　　＊70代〜90代男女は、90%以上が8年では不十分と考えている

Q.9 アーミッシュの日常言語ペンシルバニアダッチを理解できるか？

    YES　17%　　NO　83%

    ＊男性は、すべての年代で20%以上が理解できる

    ＊10代女性の20%が理解できる

    ＊10代男女の祖父母に元アーミッシュやメノナイトだった人が存在している

Q.10 アーミッシュの信念を賞賛するか？

    YES　77%　　NO　23%

    ＊10代男性の37%と、10代〜30代女性の36%は賞賛しない

    ＊70代〜90代女性の90%は賞賛する

Q.11 アーミッシュのオルドヌング（規律）を知っているか？

    YES　16%　　NO　30%　SOME（多少）54%

    ＊70代〜90代の男性は、全く知らないが50%、多少知っているが50%

    ＊他の年代では、男女共70%が何らかの規則を知っている

Q.12 アーミッシュの規律は厳格すぎると思うか？（Q.11のYESかSOMEを対象）

    YES　76%　　NO　24%

    ＊10代の男女の85%、70代〜90代女性の97%が厳格すぎると思っている

    ＊40代〜60代の男性は、イエス56%、ノー44%と拮抗している

Q.13 ラムスプリンガ（若者の自由期間）を知っているか？

    YES　82%　　NO　18%

    ＊40代〜60代男女の90%が知っている

    ＊70代〜90代女性のほぼ全員が知っている

    ＊10代と70代〜90代男性の40%が知らない

Q.14 アーミッシュ社会にシャニング（村八分）があるのを知っているか？
　　　YES　93%　　　NO　7%
　　　＊10 代男性の 30%が知らない
　　　＊他の年代は、男女共ほぼ全員知っている
　　　＊イエスが多いのは、テレビドラマ「シャニング」が放映された影
　　　　響だと思われる

Q.15 アーミッシュのゲラッセンハイト（謙虚な態度）を賞賛するか？
　　　YES　66%　　　NO　34%
　　　＊10 代〜 30 代では、男女共 70%が賞賛する
　　　＊70 代〜 90 代の男性は 60%賞賛しない

Q.16 アーミッシュの第二の聖書「殉教者の鏡」を知っているか？
　　　YES　22%　　　NO　78%

Q.17 アーミッシュが軍隊や裁判員制度を免除されることに賛成か？
　　　YES　55%　　　NO　45%
　　　＊30 代男女は免除に賛成しないが 80%以上
　　　＊各年代に、軍隊は免除されてもよいが、裁判員制度には参加すべ
　　　　きとの声多し

Q.18 アーミッシュのスキルはアメリカ人より優れていると思うか？
　　　YES　77%　　　NO　23%
　　　＊10 代〜 30 代男性は 90%がアーミッシュのスキルが上と回答
　　　＊40 代女性と 80 代男性は、イエスとノーが各 50%

Q.19 観光客はアーミッシュを煩わせていると思うか？
　　　YES　55%　　　NO　45%
　　　＊10 代〜 50 代男女は、50%以上が煩わせているとは思わない
　　　＊60 代〜 90 代男女は、70%以上が煩わせていると思う

＊60代を境に意見が明確に異なる

Q.20 アーミッシュのスローな馬車にイラつくことがあるか？
　　　YES　38%　　NO　62%
　　　＊10代男性、20代男女、30代女性は　50〜70%がイラつくこと
　　　がある
　　　＊40代男性と70代男性は、100%（全員）イラつく
　　　＊90代男性は、100%（全員）イラつかない

Q.21 アーミッシュの食べ物を食したことがあるか？
　　　YES　93%　　NO　7%

Q.22 アーミッシュの食べ物を美味しいと思うか？
　　　YES　94%　　NO　6%

Q.23 アーミッシュのオーガニック農産物は高くても購入するか？
　　　YES　53%　　NO　47%
　　　＊50代男性は、100%（全員）購入しない

Q.24 ペンシルバニア、オハイオ、インディアナ各州でアーミッシュが農
　　　地を購入することに問題があるか？
　　　YES　5%　　NO　95%

Q.25 アーミッシュの繁栄は将来にわたって続くと思うか？
　　　YES　81%　　NO　19%
　　　＊10代と30代男性、20代と70代女性の30%以上が繁栄は続かな
　　　いと回答
　　　＊60代男女は100%（全員）繁栄が続くと回答

Q.26 アーミッシュと非アーミッシュは将来にわたり共存していけると思

うか？
　　　YES　　87%　　　NO 13%
　　　＊10代男性の25%　女性の20%が共存できないと回答
　　　＊70代〜90代男性の100%（全員）が共存できると回答

Q.27 なれるとしたらアーミッシュになりたいか
　　　YES　3%　　NO　97%
　　　＊女性4名男性1名がアーミッシュになりたいと回答

## 2) MENNONITES　メノナイト

回答者　　男性12名　女性11名　　合計23名　（12歳〜95歳）

＜質問＞

Q1.　主婦が収入を得るために家庭外で働くことに賛成か？
　　　YES　　86%　　　　NO　14%

Q.2　要請があれば、軍隊や裁判員制度に参加するか？
　　　YES　76%　　NO　24%
　　　＊男性2名は、軍隊には参加するが裁判員制度には参加しないと回
　　　答

Q3.　アメリカの独立記念日を祝すか？
　　　YES　81%　　NO　19%

Q4.　ペンシルバニアダッチを解せるか？
　　　YES　60%　　NO　40%

Q.5 所属するコミュニティーにオルドヌング（規則）があるか？
　　　YES　5名　　NO　15名　　非回答　3名

Q6. アーミッシュのオルドヌングは厳格すぎると思うか？
　　　　YES　9名　　　NO　2名　　　非回答　12名

Q7. 所属するコミュニティーでは離婚が許されるか？
　　　　YES　16名　　　NO　4名　　　非回答　3名

Q.8 アーミッシュのスキルはアメリカ人より優秀だと思うか？
　　　　YES　19名　　　NO　0名　　　非回答　4名

Q.9 アーミッシュに貧富の差があると思うか？
　　　　YES　7名　　　NO　4名　　　非回答　12名

Q.10 貧富の差に対して、アーミッシュ社会にも羨望や嫉妬があると思うか？
　　　　YES　6名　　　NO　4名　　　非回答　13名

Q.11 今後のアーミッシュ家族の人数について
　　　　増える　2名　　　減る　9名　現状維持　4名　非回答　8名

Q.12 アーミッシュの繁栄は今後も続くと思うか？
　　　　YES　22名　　　NO　0名　　　非回答　1名

Q.13 アーミッシュと非アーミッシュは将来的に共存できると思うか？
　　　　YES　20名　　　NO　0名　　　非回答　3名

　　各質問に非回答が多く存在するのは、無知で答えられないわけではなく、アーミッシュに対するジャッジメントを避けているためです。判断に苦慮するコメントが多数見られました。

## 3) AMISH　アーミッシュ

回答者　　男性2名　女性5名　　合計7名

Q.1 他州に旅行したことがあるか？
　　　　YES　7名　（全員）
　＊全員、年に1回はランカスター郡外に出かけている

Q.2 観光客の増加に煩わされているか？
　　　　SOME（多少）2名　　NO　5名

Q.3 ランカスターに転入してくるアメリカ人が増えることに問題があるか？
　　　　SOME（多少）4名　　NO　3名
　　＊農地の取得が困難になることと、交通量が増えて馬車の往来に支障をきたすことが理由

Q.4 家族の女性が働いて収入を得ているか？
　　　　YES　7名　（全員）

Q.5 ペットを飼っているか？
　　　　YES　1名（羊）　　NO　6名
　　＊大抵の家庭で犬を飼っているが、ペットではなく番犬且つ子犬の販売の為

Q.6 将来、平均的なアーミッシュの家族の人数はどうなると思うか？
　　　　増加する　1名　減少する　4名　現状維持　1名　非回答　1名

Q.7 子供に転居する必要が生じたら、共に転居するか？
　　　　YES　1名　　NO　5名　　状況により転居　1名

Q.8 子供が高等教育を望んだ場合許可するか？
　　　NO　6名　　非回答　1名


Q.9 アーミッシュタクシーを利用するか？
　　　YES　7名（全員）
　　＊頻度は？
　　　仕事で毎日利用　1名、毎週、毎月必要に応じて利用　5名、
　　　滅多に利用しない1名
　　＊目的は？
　　　病院、買い物、他家を訪問、旅行


Q.10　シャニングに巻き込まれたことがあるか？
　　　YES　3名　　NO　3名　　非回答　1名


Q.11「殉教者の鏡」を保有しているか？
　　　YES　6名　　NO　1名
　　　＊どの程度の頻度で読むか？
　　　　毎週　1名　　読む時間がある時　5名


Q.12 ラムスプリンガを終えた若者がアーミッシュになる確率は？
　　　100%　1名、95%　2名、93%　1名、85%　1名、非回答　2名
　　　＊今後の確率は？
　　　　上昇する　3名　　下降する　1名　　非回答　3名


Q.13 医者にかかる場合は、メノナイトの医者か？　アメリカ人の医者か？
　　　アメリカ人　5名　　アメリカ人とメノナイト　1名　　非回答　1名


Q.14 出産は自宅か、病院か？
　　　自宅　6名　　自宅と病院　1名

Q.15 最近使用許可になったものは？

　　ソーラーパワー

Q.16 今なお使用が厳禁されているものは？

　　セルフォン、テレビ、ラジオ、サテライト

最後に、アーミッシュ婦人から寄せられたコメントをご紹介します。

Please note that we and our children are not bound to being Amish. It is a choice we make and we see advantages of living a simple quiet life style, living off the land and worship our creator who made Heaven and earth and died for all mankind.

Praise him with me!

私たち家族は、アーミッシュであることに縛られているわけではありません。私たちは、アーミッシュの質素で静かな生活が、自分たちが目指す生き方に合致し、私たちの罪を贖って下さった天地創造主の神の御心にも沿えるものだと判断して、自ら選択したのです。私と共に神を讃えましょう！

矢田　万里子（やた まりこ）
Yata Mariko

1949 年生まれ。長崎県出身。
24 歳で長男の出産を機に専業主婦となる。
44 歳の時、夫と死別。
47 歳　日本文化紹介のプログラムに参加し渡米。
48 歳　アーミッシュに出会う。
50 歳　アメリカ永住権取得。フィラデルフィア定住。
64 歳　日本へ帰国
68 歳　再度渡米し、ランカスターでアーミッシュ生活を体験
71 歳　コロナパンデミックのため、帰国。Amish 体験記「麦わら帽とハートの
キャップ」を自費出版し、家族、友人に配布。

Amish 麦わら帽子とハートのキャップ
　　～四季折々のアーミッシュの暮らしを体験して～

2023 年 1 月 26 日　第 1 刷発行

著　者　矢田万里子
発行人　大杉　剛
発行所　株式会社 風詠社
〒 553-0001　大阪市福島区海老江 5-2-2
大拓ビル 5 - 7 階
℡ 06（6136）8657　https://fueisha.com/
発売元　株式会社 星雲社
（共同出版社・流通責任出版社）
〒 112-0005　東京都文京区水道 1-3-30
℡ 03（3868）3275
装幀　2 DAY
印刷・製本　シナノ印刷株式会社
©Mariko Yata 2023, Printed in Japan.
ISBN978-4-434-31434-6 C0095